U0149116

吳信義回憶錄

今世好因緣

陳福成著

傳記叢刊

文史哲出版社印行

國家圖書館出版品預行編目資料

吳信義回憶錄：今世好因緣 / 成福成著.-- 初版 -- 臺北市：文史哲出版社, 民 112.10
頁； 公分 --（傳記叢刊；26）
ISBN 978-986-314-656-8（平裝）

1.CST：吳信義 2. CST：傳記

783.3886 112017115

傳 記 叢 刊 26

吳信義回憶錄：今世好因緣

著 者：陳 福 成
出 版 者：文 史 哲 出 版 社
http:// www.lapen.com.tw
e-mail：lapen@ms74.hinet.net
登記證字號：行政院新聞局版臺業字五三三七號
發 行 人：彭 正 雄
發 行 所：文 史 哲 出 版 社
印 刷 者：文 史 哲 出 版 社
臺北市羅斯福路一段七十二巷四號
郵政劃撥帳號：一六一八〇一七五
電話886-2-23511028 ・ 傳真886-2-23965656

定價新臺幣三四〇元

二〇二三年（112年）十一月初版

ISBN 978-986-314-656-8 78826

序

當我要寫信義師兄的回憶錄，他說小人物不用寫回憶錄，但本書仍然完成了。我簡要把寫作動機分述如下，為本書序。

第一、作家和攝影家心態很類似，都在不斷找尋可以「感動」人的目標，一發現立即「咔喳」捕捉下來，目標無關大小，讓人感動就是最佳作品。本書傳主一生中許多事蹟，都讓人很感動，不寫下來很可惜！

第二、他有豐富的「文獻史料」，這是幫人寫回憶錄必備要件（用文獻研究法、不做訪談），沒有文獻史料，寫出來都是科幻。當然，自己寫自己的回憶錄，就不必用什麼文獻史料。

第三、吳君的生涯規劃（學生時代——職場——退休），非常完善且都能落實，如己所願，這不容易。這部份可以成為後進參考或示範，大多數人生涯規劃最後都走樣，難以落實。

第四、他退休至今28年了，退休生活規劃與經營，用多彩、豐富與多元，已不能形容；而是非常多彩、非常豐富、非常多元，快樂無比，可以給所有退休人員當參考、示範，甚至「複製」都可以。

第五、政戰十四期同學會的經營也很精彩，在三軍四校（陸官、海官、空官、政戰）各期同學會中，能如政戰十四期出版同學小傳，似乎是空前壯舉。該期所辦活動之多，應是軍事院校退休同學會中，排名最前。

第六、吳君長期擔任「全統會」秘書長到會長，帶領全統會多次到大陸參訪交流，這是他對兩岸和平統一的使命感，所進行的民間文化之旅。歷史不能成灰，應該放進他的回憶錄，啟蒙未來炎黃子孫。

第七、筆者與信義師兄和多位好友，有共同而特別的好因緣，如第九章〈皈依與佛緣〉、第十章〈山西芮城因緣〉等。這些好因緣深值一記，是我們今生今世最值得懷念的亮點。

第八、總的來說，信義師兄這輩子結下眾多好因緣，從自己出身的大家庭、大家族、小學以後的各種同學、職場到退休至今，數不盡的好因緣，都是叫人感動的好因緣。

第九、第四篇〈三觀哲學與處世態度初探〉，分七章簡述吳君的人生觀、價值觀和世界觀，當然包含他為人處世態度。這部分也很精彩，不記下來和大家分享，是多麼可惜的事。

感謝中國全民民主統一會創會秘書長勞政武博士，同意將〈全統會的創立與奮鬥〉一文，列入本書附件，讓更多人知道全統會的歷史。

順帶一提，筆者所有著、編、譯作品（如書末目錄），都放棄個人所有權，贈為中華民族文化公共財。在中國（含台灣）地區內，任何出版單位均可自由印行，不必經由我的同意。廣為印行流傳，嘉惠生生世世中華子民，是吾心願。是為序。

台北公館蟾蜍山萬盛草堂主人 **陳福成** 誌於

佛曆二五六六年 公元二〇二三年八月

吳信義回憶錄：今世好因緣

目 次

序 …… 一
第一篇 家世背景、學習與成長 …… 九
第一章 出身大家族，親情恒久久 …… 一一
第二章 二溪國小到麻豆高中，同學情永在 …… 一七
第三章 復興崗四年磨練成長 …… 二三
第二篇 三個職場生涯 …… 二九
第四章 野戰部隊四年 …… 三一
第五章 復興崗經師人師二十餘年 …… 三七
第六章 台大因緣長長久久 …… 四九
第三篇 退伍（休）至今28年 …… 五五

第七章　退伍（休）生活規劃與經營……五七
第八章　政戰十四期暨復興崗情緣……六三
第九章　皈依與佛緣：教師分會與佛學夏令營……七五
第十章　山西芮城劉焦智因緣永懷念……八九
第十一章　經營與帶領全統會……九九
第十二章　無心插柳九年出版六本日記體書……一一三

第四篇　三觀哲學與處世態度初探

……一二一
第十三章　老二哲學　中庸人生……一二三
第十四章　正面思考　心想事成……一二九
第十五章　佛法體認　福慧雙修……一三七
第十六章　終身學習　樂活當下……一四七
第十七章　事無絕對，時空改變價值……一五九
第十八章　善待自己做個快樂「新老人」……一六九
第十九章　宇宙人生都無常，能善終就是福報……一七七

附 件

一、吳信義人生歷程大事紀要年表……………………………一八五
二、中國全民民主統一會簡介……………………………一九九
三、寧共勿獨：我與全統會的因緣………………吳信義……二〇〇
四、中國全民民主統一會會章……………………………二〇二
五、〈全統會〉的創立與奮鬥…………………勞政武……二一五

第一篇　家世背景、學習與成長

吳信義的出生家庭、父母家族，國小、初中、高中到政戰十四期畢業。時間從一九四四年（民33年）出生一歲，到一九六八年（民57年）二十五歲。區分三章：

第一章　出身大家族，親情恒久久。

第二章　二溪國小到麻豆高中，同學情永在。

第三章　復興崗四年磨練成長。

第一章　出身大家族，親情恒久久

師兄吳君，一九四四年（民國33年）十二月，出生在台南縣六甲鄉的一戶純樸農家，父親吳順來，母親蘇桂。這是一個大家庭，也是一個大家族。

吳順來有五兄弟，排行兄弟老四，老大、老三務農，老二在日據時代擔任警佐，影響到老四光復後投考警察學校。吳信義在一篇談他父親的文章說：「父親有五個兄弟，祖父早逝，二伯父較父親年長十歲，長兄如父下，從父親當年年輕讀書到結婚，都是二伯父鼓勵安排一路走來，記憶中父親與二伯父一家往來最親，兄弟感情最好。」（註一）由於兄弟情深，諸堂哥終身大事，二伯父必與吳父共商，堂兄弟都對吳父尊敬有加，叔侄情深自然影響到第二代，甚至第三代。

光復後吳順來投考警校，畢業後成為一名基層員警，吳順來和蘇桂都是民國十年出生，民國二十九年兩人都二十歲就結婚，這在當年很正常的適婚年紀。基層員警常因職務調動而搬家，這年輕的警察家庭，兩人結婚十九年，生下吳信義姊弟妹七人，蘇桂一生養育子女七人，辛苦持家，做到溫良恭儉讓，倍受左右鄰居喜愛，她心地善良，有慈悲心富愛心。可惜「好人不長命」，在吳父四十三歲那年，吳信義才讀初中二年級，母親因病過世。這是吳君在〈憶雙親〉一文中的回憶。（註二）

吳順來曾告訴孩子們，祖先是三百多年前跟隨鄭成功從福建來台定居，是早期來台的中國人。以他的生存年代，他在二十五歲之前受的是日本教育，但未受「皇民化」影響，仍知道自己的根，告訴孩子是中國人，這是多麼難能可貴的情操。

吳君在〈追思懷念感恩〉一文提到母親早逝，「兩年後在諸多親友鼓勵和外祖母極力贊成下，弟妹都尚年幼，父親答應續弦，當年父親四十三歲，繼母二十九歲，記得那是民國五十一年。」（註三）孩子們稱繼母「嬸嬸」，婚後嬸嬸育有一女一男，吳順來於民國七十五年，以六十六歲過世，嬸嬸也在二〇二〇年往生。吳信義在該文，感謝嬸嬸陪伴父親二十五年，照顧弟妹逾三十年，「今為文除了感傷，特別要追思感恩，請嬸嬸安息吧，我們永遠懷念您。」這是人世間最珍貴的真情！

吳君對母親的記憶，「管教我們和顏悅色，從不打罵，也生長在外祖父大家庭，又是長女，下有弟妹十一人，我有六個舅舅、五個阿姨，從小有這麼多長輩疼惜，何其有幸，這是我對母親的記憶。」（註四）父母親都是成長在大家庭，所以吳信義在他六本著作中，寫了很多堂和表兄弟姊妹相聚、相處、相送的感人事蹟，以及上代父系母系長輩之追懷，至少百篇以上。

吳君在〈憶父親二、三事〉一文，以子女旁觀，對父親有較貼近的描述。（註五）吳信義受父親影響較多（例如與父親一樣很會講笑話），父親也是唯一贊成他讀軍校的人，他回憶說：

其一、父親人緣好、擅於講笑話：每到新單位，與村里長很快建立良好人脈，以利工作推展。親友相聚，很能帶動歡樂氣氛，在家族中很有威嚴，一言九鼎，印象中父親很幽默，很會講笑話，有他現身的場合，必有歡笑，父親也常讚美母親賢慧能幹。

其二、酒量好、是划拳高手：地方上婚喪喜宴、廟會拜拜，身為基層員警，又是派出所主管，每宴必到。幾十年訓練出好酒量，鄉里流行的酒拳，也成個中高手，還曾自創幾種拳術。事後耳聞，麻豆鄉里間，父親的酒量和拳術，至今仍在流傳。酒量與划拳方面，家弟得到了父親的真傳。

其三、嘆清官難斷家務事：父親常為鄉民排解糾紛，舉凡家庭失和、子女管教、交通車禍，乃至夫妻爭吵，父親都能排解。但回到家中，也有時與繼母無法溝通，感嘆清官難斷家務事。

這是信義師兄對父親的回憶，「最近父親常在夢中出現，彷佛在世的場景歷歷」，人到相當年紀思親之情油然而生，筆者亦如是。

父親的行誼通常是兒女的典範，信義說父親常因盛情而喝酒過多，加上抽煙嗜好，成為他一生的借鏡。父親「對上以敬，對下以慈，對人以和，對事以真，他一生都做到了。父親我們以您為榮。高興我的隨筆中，能談談父親，留下思念的追憶。」

由於父親有心，吳信義提到孩童時，父親每年都有家庭合照，從姊姊一人、姊弟二人、三人，到姊弟妹七人成長中，年年於農曆春節留下全家福合照。如今這些照片都成了姊弟妹珍貴的回憶，姊弟妹情深，在吳信義許多文章中自然流露，也是讓讀者們感動的地方。

吳君特別感念，母親早逝後，長姊如母，照顧弟妹幾十年。現在姊弟妹大多住台北，他們常常聚會或出遊。吳信義特別想念端午節姊姊包的粽子，「我們家小孩，從小吃慣姑媽包的南部粽子，今年家姊百忙中提前包好，內餡有小朵香菇、鹹蛋黃、夾心肉、花生、蝦米、魷魚，我能如數家珍。吃了許多粽子，還是姊妹們包的口味最好。」（註六）筆者讀了讀，口水也流出來了！也想念媽媽包的粽子！

二〇二二年八月，吳君在〈思親〉一文說：「母親婚後短短十九年生命中，生養七個姊弟妹（三男四女），如今最小妹妹將滿65歲，父親民國75年辭世享壽66歲，今年姊姊81歲、我78歲、大弟75歲、大妹72歲、二妹69歲、小妹65歲……今逢母親祭日，二妹備桌素食，姊弟妹齊聚興隆路老家祭祖。」（註七）

每年除夕、父母祭日，姊弟妹雖都一把年紀了，仍維持祭祖的優良傳統，一則思親，再者親人相聚。吳信義身為長子，負責祖先牌位清爐和主祭工作，這是中國人的傳統美德！

註釋

註一　吳信義，《健群小品》（第三集）（台北：文史哲出版社，二〇一八年三月），頁九二。

註二　吳信義，《芝山雅舍：健群小品》（台北：文史哲出版社，二〇一六年七月），頁二三三—二三四。

註三 吳信義，《歲月留痕—健群小品》（第五集）（台北：文史哲出版社，二〇二一年五月），頁二六四—二六五。

註四 同註二，頁二三四。

註五 吳信義，《所見所聞所思所感—健群小品》（台北：文史哲出版社，二〇一四年九月），頁四〇八—四一〇。

註六 同註一，頁一八七。

註七 吳信義，《行腳留痕—健群小品》（第六集）（台北：文史哲出版社，二〇二三年五月），頁二二七。

第二章 二溪國小到麻豆高中，同學情永在

吳信義的父親，光復前曾教了幾年書，光復後考取警校，畢業後分發到花蓮玉里派出所。因家鄉有年邁母親，幾次請調回台南不成，乃於民國三十八年請辭，回故鄉經商，由於個性興趣不合，又於民國四十年，提出警察復職申請。

復職（回任）申請案獲上級批准，重新被分發到二重溪派出所服務，家也搬到二重溪警察宿舍。因此，一九五一年（民國40年），吳信義小朋友就讀台南縣大內鄉二溪國小一年級，七十年後他回憶，只記得天天走路上學，在那個時代都是這樣，筆者亦如是。

民國四十三年，吳父由二重溪派出所調到麻豆派出所服務，家也搬到麻豆。吳小朋友只好轉學麻豆國小三年級，一位叫信安的小朋友，和信義一起轉學到麻豆國小三年級，他們的同學情誼持續了一輩子。二〇二一年七月，

吳信義在〈追思憶老友〉一文開頭說：「兩天前我們還互賴問早道安，上午卻驚聞好友信安兄昨日往生，無常人生確實令人哀傷悲痛。」（註一）「無常」是吳信義生活中深刻的體驗認識，他的文章也常談到「無常觀」。

吳家搬到麻豆後，吳信義小朋友，結識了鄰居也同讀麻豆國小三年級的兩個小朋友，照臣和肇凱。這三個小朋友竟玩起了結拜遊戲，讀到五年級時他們結為金蘭之交的兄弟。他們是認真的，兄弟情也持續一輩子，吳信義有十幾篇文章寫到他們的兄弟情，以「不容易、不簡單、不平凡」形容。（註二）任何看似平凡的事，能持續一輩子，就是不平凡、不簡單、不容易。例如，愛（對人或事）一輩子、堅持善良一輩子，或寫日記寫作一輩子，堅持健走一輩子，都是很困難的、很不容易的。

麻豆國小的記憶，吳信義小朋友記得小學四年級時，國語老師郭文准先生，每天要求回家的功課是背誦成語，翌日課堂要提問。吳小朋友每天回家必熟背，隔日老師問對答如流，博得老師嘉許鼓勵。

但小學五、六年級時，曾因算術不及格挨打（那是一個打罵教育流行的年代，筆者讀小學時，一人犯錯，全班小朋友挨打是常有的事。）某夜，吳小朋友臀部奇癢，祖母發現是被老師打過的傷痕，即告知父親，父親將此狀告校長，校長告誡該老師，從此吳小朋友免於挨打。但那位老師說了一句傷小朋友心很深的話，不被打的學生等於放棄教育，就沒有前途。小小年紀還怪祖母和父親，不該去告狀。

半個世紀後，小學同學娶媳宴客中，看到當年老師，他自豪驕傲的邀功說，沒有挨打怎看到你們今天的成就，不打不成器之意。（註三）筆者相信，他的班上每個小朋友都挨過老師打，而數十年後的喜宴尚能邀老師參加，代表學生們心中無恨，一般心態都是「合理是訓練、不合理是磨練」，大家願意受教；這和現代的學生（孩子），說不得、講不得，不受教，已是本質上的不同。

吳君在〈憶能力分班〉一文，也回憶起麻豆國小五、六年級一些往事。（註四）那個年代，小學五、六年級開始實施能力分班，甲乙班是升學班，丙班以下非升學班（通稱放牛班，筆者五六年級都是放牛班）。升學班每天放學要留校補習到晚上九點下課，晚餐是家長送來便當，小朋友的升學壓力很大。

吳君回憶，當年麻豆國小按甲、乙、丙成績編班，他讀的是升學班，所以順利考上麻豆曾文初中，這是一所升學率很高的初中。二〇二一年九月，吳信義有一篇文章，講曾文初中畢業46年同學會，「當年有甲乙丙丁四個班，不同班級但同年畢業，遠從北、中、南各地回到母校，大家見面不相識，互道名字後依稀有印象，慢慢找回記憶，看看照片，七十多歲年紀有人老態。承辦人有心請到當年老師莊南山校長，九十多歲看到大家很高興。」（註五）

一九六一年（民國50年），吳信義順利考取曾文中學高中部（第六屆）。高中時代的回憶不多，信義的文章說：「同學是永遠的好友，哪怕是時間久遠，亦是歷久彌新。小學懵懂最純真，初中好玩較調皮，高中升學壓力下，大家用功讀書。」（註六）倒是他們在二〇一四年高中畢業50週年、二〇一五年51週年、二〇一六年52週年，乃至現在，他們都辦了同學會或小聚慶祝。

從一篇〈永懷師恩〉的文章，可知吳信義高中是碰到了經師人師的好老師，文章寫的是高中老師侯文如的告別式。（註七）侯老師不光對吳信義，對所有教過的學生，都產生了一輩子的影響。

侯文如老師，高三時為同學們講《四書》（大學、中庸、論語、孟子），言行中做學生的榜樣，師母可以叫出全班學生的名字，可見師生情誼深厚。吳信義在該文寫到，「人的一生，在求學的過程中，可以獲得無數老師的教學，真正能讓你懷念的老師幾稀？」已畢業幾十年的學生（都也是老人家了），仍趕回故鄉參加高中老師的告別式，此情可感天啊！眾生之中也是稀有！

民國五十三年四月，曾文高中畢業旅行，行程中安排參觀兩所軍校，中正理工學院和政工幹校（政戰）。吳信義無心說他不可能來讀軍校，不會當職業軍人。想不到是年九月，他就到政工幹校報到，往後歲月穿了三十多年軍服，也走出多彩、豐富又有深度內涵的人生。

後來他有一篇文章，講人不可太「鐵齒」，〈話不宜說太滿〉。（註八）台灣話有句傳神的俚語，叫「雞嘴變鴨嘴」（台語發音），就是形容「鐵齒」發生的事，眾生皆凡夫，每經一事才長一智！

註釋

註一　吳信義，《行腳留痕—健群小品》（第六集）（台北：文史哲出版社，二〇二三年五月），頁九一。

註二　吳信義，《歲月留痕—健群小品》（第五集）（台北：文史哲出版社，二〇二一年五月），頁八四—八五。

註三　吳信義，《歲月行腳—健群小品》（第四集）（台北：文史哲出版社，二〇二〇年元月），頁二五三—二五四。

註四　吳信義，《芝山雅舍—健群小品》（台北：文史哲出版社，二〇一六年七月），頁二九五—二九六。

註五　同註一，頁一〇二。

註六　同註四，頁三二五—三二六。

註七　吳信義，《所見所聞所思所感—健群小品》（台北：文史哲出版社，二〇一四年九月），頁七八—七九。

註八　同註四，頁九〇—九一。

第三章 復興崗四年磨練成長

吳君會讀軍校，按他自己說是為減輕家裡的負擔。筆者看來也是，畢竟吳父是基層員警，要生養七個孩子（加續弦後生兩個，就是九個孩子。）這是多麼的不容易。在那個年代都生很多孩子，有的只好讀軍校，筆者也是這種環境背景下去讀陸官。

但另一個原因可能也是影響到信義去讀軍校，就是他父親贊同支持，而且吳爸爸還跟信義說「軍警一家親」這樣的話，無形中讓年輕的信義對軍人有了好感。於是，一九六四年（民國53年）九月的某天，吳爸爸親自帶著吳信義來復興崗報到，把這孩子交給了國家。

軍校四年是怎麼過的？細節已無從梳理，但吳信義在多篇文章提到，軍校四年的嚴格紀律要求，養成正常作息的好習慣，一生都受用。這種規律生活他持續一輩子，至今仍是，他在〈有序有律〉一文說：「積五十多年的規

律生活，持續至今，我很自豪驕傲地告訴友人，多少人能做到？如此有恒，是被生活作息制約了。」（註一）

規律生活，作息正常，最大的受益就是得到身體健康。這看似一件小事，但持之以恒，堅持一輩子，就是不容易、不簡單、不平凡，多少人能做到？

復興崗學生時代，學校規定學生要寫日記，每學期發給日記本，每週訓導員要收回評閱。當時許多人擁有兩本日記，一本上級檢查，一本私人日記，吳信義是其中之一。但寫日記也養成了好習慣，不僅在復興崗寫了四年，往後吳信義改成年鑑日記，又寫了三十多年。大約七十歲時，他開始寫作，九年出版了六本書，他能很快上手，和復興崗四年寫日記的好習慣有直接關係。

軍校四年有什麼好回憶或記錄的？我自己就是軍校生（比信義師兄還慘，我是七年，預備班三年，正期班四年，我說苦悶的七年不為過，每天重複著集合、解散、出操、上課、服裝儀容檢查……苦啊！）

說到服儀檢查，吳信義有一篇回憶復興崗四年的〈理髮憶往〉。讀了幹校，每週理髮一次，雖不合理，但大家也都能服從適應，從一、二年級的三分頭，升三、四年級的小平頭，大家都很期待，髮禁一直是軍紀的表徵。軍人服裝要整齊劃一，從頭髮上要求，後來他回母校擔任隊職，以身作則先理好標準帽沿下三公分，再檢查學生頭髮。如今回憶是服從上級命令，沒太大意義。（註二）不知現在軍校尚有「髮禁」否？

軍校生最快樂的事可能是談戀愛，現在三、四、五年級的退伍軍人，在他們軍校學生時代，可以說每天所思所想就是如何把「馬子」，談戀愛、寫情書約會，是「全軍運動」不為過。在那個年代（苦悶的年代），軍校生活更是苦悶中之最苦悶，需要有快樂的事來化解，有個女朋友是最大的寄託。

吳信義在復興崗學生時代也有一段甜蜜的「苦戀」，而且這段戀情對他以後影響很大，讓他決心未來要設法調到安定的工作單位，不能在野戰部戰。這是他在〈潛意識力量㈠〉一文的回憶所述。（註三）職業軍人都知道，升官（尤其升大官，如少將以上），都必須在野戰部隊長期歷練，在安定的單位如學校，正是所謂「錢多事少離家近」，當然升大官機會少，這是公平的。以吳信義的敬業精神，他如果多在野戰部隊待幾年，他至少是中將退伍，然而他放棄了，寧可在安定的學校。

話說當年，在復興崗二年級時，有幸認識一位銘傳商專女朋友，每逢假日及寒暑假約會出遊，度過快樂的學生時代，人人稱羨，談情說愛多姿多采，有說不完的歡樂。正如筆者前述，軍校學生苦悶多（我說的是50年前），有個女朋友是最大的寄託。

吳信義這段初戀，前後交往五年，到了論婚嫁時，卻遭到女方親友強力反對，理由不外是軍人不自由、待過菲薄、沒時間顧家，這些都是事實；更不利的事情發生，是部隊突然奉調金門（民國59年12月），按當時國防部的規定，除非訂婚核備有案，否則外島兩年不准結婚，女方豈能再等兩年。

他在前方打仗，她在後方發動「兵變」，已是必然的結果。雖然女友不斷告訴信義，只要調到安定的工作單位，家人就比較可以接受，但以當時客觀和主觀條件，顯然已是「不可能的任務」。但就是這句話，讓吳信義在潛意識裡，決心要努力調到安定的工作單位，野戰部隊不適合（其實野戰部隊多數人不喜歡，都是不得已，為了升官必要的歷練，只好「下海」；當然也有異類，筆者民國73、74年在金防部當監察官，宋心廉當司令官，他就說革命軍人有三不要：不要家、不要錢、不要命。真是天啊！這是神嗎？）

小結吳信義的復興崗四年，正如他自己在書中的回顧。「以多采多姿來形容，大學四年修滿政治系必修學分外，每年寒暑假必須接受軍事訓練，如駕訓、報務、通訓、傘訓及基本軍事課程，雖然很辛苦，但具挑戰性，留下

美好的回憶，大學四年參加許多社團活動，增廣群體社交生活。」（註四）

生活能夠多姿多采，有女朋友是重要原因，還有姊弟妹有多人在台北，都會區同學熱情，都較能化解軍校生的嚴肅與沈悶的生活。吳信義在四年級時擔任實習連長，這表示能力和表現，都得到長官的高度肯定，才能得到不容易獲得的實習機會。但筆者以為吳信義在復興崗四年的磨練成長，除了自己的學習成果，結了一生一世的「復興崗情緣」，是最大的收穫。

註　釋

註一　吳信義，《歲月行腳—健群小品》（第四集）（台北：文史哲出版　社，二〇二〇年元月），頁一四五。

註二　吳信義，《健群小品》（第三集）（台北：文史哲出版社，二〇一八年三月），頁一一九—一二〇。

註三　吳信義，《所見所聞所思所感—健群小品》（台北：文史哲出版社，二〇一四年九月），頁二七六—二七八。

註四　吳信義，《行腳留痕—健群小品》（第六集）（台北：文史哲出版社，二〇二三年五月），頁五五—五八。

第二篇　三個職場生涯

一九六八年（民國57年）十月一日，吳信義政戰14期畢業，此後二十七年軍人生涯，他在三個職場，都能做到「自我實現」的高度。

第四章　野戰部隊四年

第五章　母校經師人師二十餘年

第六章　台大情緣長長久久

第四章 野戰部隊四年

一九六八年（民國57年）十月一日，吳信義從政戰學校畢業，大概休了幾天假，就到南台灣步校報到，接受初級班（一三一期）訓，受訓時間半年。

次年結訓後，他被分發到33師97團兵器連，擔任七五山砲排排長（駐地在后里）。再次年（民國59年），調任該師戰車七七二營第一連輔導長，年底奉調金門17師戰車七三二營第一連輔導長（駐地山外）。這段台灣野戰部隊的時間，含初級班兩年整。

他在金門當了一年多連輔導長，再調營政戰官，民國六十一年還當選金門優秀青年，這年輕人確實不凡。民國六十二年元月一日，依中央輪調案，調回母校任隊職官，在金門整整兩年。

野戰部隊有一句俗話，「流水的官、鐵打的兵」，意說在野戰部隊軍官如流水，在一個單位不會很久，經常在調動，兵則很固定，新兵分發到某單位，就在某單位服役到退伍。吳信義剛畢業後這四年，仍是軍隊中最基層的尉級軍官，難以回述這四年有什麼精彩的記錄，反正連輔導長、政戰官，就是天天忙著有關兵的事。

幸好吳信義有一篇文章〈憶當年金門的苦日子──參觀翟山坑道有感〉。（註一）這篇文章所述，正是那個年代金馬前線的基層官兵日常生活寫照，筆者於民國六十四年陸官畢業，即分發金門斗門（沙美附近）砲兵連，過的也是一樣的苦日子。其實在那個年代，台灣野戰部隊的基層官兵生活條件，只能以「很差很落後」形容，洗澡的地方都沒有，上級只要求官兵「洗澡避女人」（愛民十大紀律之一）。以下就來看看吳信義當年在金門，到底過的是怎樣的苦日子。

民國五十九年底到六十一年底，整整兩年時光，他隨部隊駐防金門，當年「單打雙不打」（註二）的兩岸前線砲擊的不成文約定，兩岸都相互遵守。發射砲彈不傷人，證明兩岸同胞血濃於水，兄弟打架以不造成死傷為原則，希望兩岸同是中國人要盡快和好，永遠不要再打架。無論如何，軍隊真打架，難免死傷慘重，何必呢？這是吳信義和筆者現在的想法，相信也是很多人的願望。

回到吳信義的文章。當年未婚的軍官每半年有十天探親假，已婚軍官每三個月有探眷假，聊慰思鄉、思親苦。（別註：初畢業軍校生分發到金馬前線，兩年都不准休假，這是筆者於民國 64 年分發到金門的規定，整兩年沒休假，後方還發生了「兵變」，要是現在，不真兵變，也會去跳太平洋，或游到對岸。）

當年因交通不便，搭乘船艦可多三天假，船期經常有誤，往往有額外的休假。所以在台休假的官兵，都希望船期誤久一點，可以休更久的假；但反之，對前線要回台休假的官兵，可苦了！因為船期不到就回不了台灣。這種狀況冬天最嚴重，東北季風使海峽風大浪高，經常整個月不開船，連補給船也停，整個月吃罐頭是常有的事。

當年金門水電都不足，飲水大多取自井水，煮飯、洗澡都不方便，都靠天吃飯。基層連隊或碉堡照明，仍使用煤氣燈（也叫馬燈），像是回到沒有電的時代，筆者民國六十七年駐防馬祖高登，仍使用馬燈照明。

約民國六十年，金門本島才有條件供水、供電，冬天每三、五天花錢到民宅澡堂享受熱水浴，平時只能在連隊附近水井邊，乘中午陽光普照洗個澡，都在光天化日下，才有「洗澡避女人」的軍紀規定。（別註：或有人問，等晚上洗澡就好了，誰也看不見；這是因為當時金馬戰地，都規定天黑後「關閉陣地」，任何人不得外出，必須守在陣地內。因公如查哨，要有「口令」，口令答錯，有可能被哨兵當場射殺的危險，這是嚴重且嚴肅的問題，誰也不敢冒險。）

民國六十年，金門為解決缺水問題，最直接的辦法是能把雨水留住，開始挖掘太湖。吳信義駐地就在太湖附近，每天看著成千上百的官兵，日以繼夜的施工，將近一年完成。如今看到的太湖，已是金門著名景點，附近的八二三戰史館和俞大維先生紀念館，都是旅遊必到的景點，後人應知道當年官兵的辛苦。

退伍後吳信義多次帶團參訪金門，二〇一四年六月間，他前往廈門參加「河洛文化學術研討會」，安排小三通先到金門，他們一團參觀成功坑道、馬山觀測站、民俗文化村、八二三戰史館、陳景蘭洋樓、金門總兵署、翟山坑道、水頭僑居文化村等。

當年的軍事重地，缺水缺電「雞不生蛋、鳥不拉屎」的地方，如今成了觀光勝地。其實金門有深厚久遠的歷史文化古蹟，從唐期以後，金門就有許多重大政軍經心等方面建設。

二〇一八年吳信義有一篇文章〈後會有期〉。（註三）該文說某日在芝山岩健走，碰到六位金門小學退休現住中和的人，因年紀相近又曾在金門服役，乃有話題，相談甚歡，對軍人印象極好。

據六位金門人說，金門有六所小學，是以在金門當過師長且有功於金門，用他們名字為校名，是感恩與紀念。因為金門駐軍多時達五、六萬人，對金門經濟建設、人民生活，都有重大貢獻。

這六所小學是：柏村國小（紀念郝柏村）、安瀾國小（紀念馬安瀾）、多年國小（紀念王多年）、卓環國小（紀念韓卓環）、述美國小（紀念孟述美）、開瑄國小（紀念雷開瑄）。

六位金門老師都說，金門人對軍人從小就很尊敬，小學以有功軍人的名字為校名，大家都引為無上光榮。吳信義特別把這史事記錄下來，想必很多人都不知道！

註釋

註一 吳信義，《所見所聞所思所感—健群小品》（台北：文史哲出版社，二〇一四年九月），頁三六六—三六七。

註二　「單打雙不打」，是從「八二三砲戰」後，到中美建交期間，兩岸部隊在金馬前線的砲擊不成文約定。也就是僅在日曆單號，由砲兵部隊發射砲宣彈，且雙方都把砲宣彈發射到無人區，避免傷到人，這真是世上最「慈悲」的戰爭。解放軍發射過來的砲宣彈，也給金門製刀業、打鐵廠，帶來最佳的免費鋼材，至今「金門刀」仍著名於世，甚至吳信義的外公家族，有開打鐵廠，也用解放軍送來的鋼材。

註三　吳信義，《歲月行腳—健群小品》（第四集）（台北：文史哲出版社，二〇二〇年元月），頁一三六—一三七。

第五章 復興崗經師人師二十餘年

吳信義的第二個職場，是在自己的母校政治作戰學校，做著經師人師的良心工作，時間長達二十年零八個月，佔了他軍職生涯時間的絕對多數。這超乎了常情，按數十年來，陸官、海官、空官和政戰，這四所軍校正期軍官，每隔兩年就要輪調，學校待兩年也要輪調野戰部戰。吳信義怎能窩在學校二十年，他並沒有什麼特別的關係，這個秘密第十四章再說。

由於吳信義在復興崗二十餘年，經歷過很多工作，有不少大事可以記述。因此，本章區分以下各項，概述其經師人師的概要經過，以及這二十年的重要人生大事。

壹、吳信義復興崗二十年經歷、學歷經過概要

一九七三年（民國62年）元月一日，按國防部輪調規定，吳信義外島兩

年期滿，調回母校任隊職官，擔任學生班第六大隊第廿一中隊訓導員。民國六十三年七月一日，調學生班第十中隊中隊長並於六十四年晉升少校，到六十五年調任學生第三營第十連連長。

民國六十六年，調任學生第一營營輔導長，歷練一年後調訓導處訓育科少校參謀。六十八年八月，調學員部第二大隊第十一中隊中隊長，不久調學生第二營營長並晉升中校。

營長是重要主官，通常必須歷練兩年。民國七十年考取政戰研究班（等同指參學院，如陸院、海院、空院）。七十一年七月研究班畢業，八月調校部訓導處訓育科科長。七十二年三月佔上校缺，八月接任學生指揮部訓導主任，於七十四年元旦晉升上校，十二月調研究班「六大戰」思想戰教官。

「六大戰」思想戰教官，是吳信義在母校的最後一個職務。民國七十七年七月，他以在職進修考取師範大學三研所，到民國八十年在職進修完成（畢業）。八十二年考取軍訓教官班第四十七期，同年八月一日調台灣大學農學院主任教官。

能夠長期在母校服務，過著安定的生活，吳信義感到無比榮幸和感恩。尤其長期擔任隊職、教職，帶過很多學生，他的學生後來有上將、中將、少將、博士等等，退休後仍稱呼他職務，即可知道是那一年班，這種革命情誼只有軍中袍襗才有。

貳、隊職與教職建立官生師生深厚情誼

吳信義當中隊長、連營長，帶過許多班隊（如64到67年班），教職當了八年，也是桃李滿天下。說國防部以下三軍各單位，都有吳信義帶過的學員或學生。吳隊長（老師）帶人總是掏心掏肺，以身作則，故能與學員生建立深厚情誼。

吳君在〈隊職與教職〉一文，有獨特而嚴謹的詮釋。（註一）何謂隊職？即軍事院校負責對學員生管、教、訓工作者，稱隊職官或隊職幹部；教職顧名思義以教育教學為主，前者要具備人師、經師角色，後者只要做到經師即可。筆者以為，兩者都要做到經師、人師才是上乘，這當然不容易，但吳信義做到了，所有他帶過的各種班隊學員生，各種聚會都會邀請他，吳信義是部屬、同事，乃至長官，永遠不會忘記的好朋友。

古人云：「經師易求，人師難得」。吳信義在母校擔任隊職先後十二年，

教職有八年，他深深體會這句話。尤其在學生班任隊職幹部，朝夕與學生一起生活，言行舉止都要以身作則，為全體官生的表率，才能受到全體官生的敬重。吳信義自信擔任隊職，他從嚴律己，時刻都以做學生榜樣來自勉，這是不容易、不簡單的地方。

但選擇隊職或教職，對個人而言，也各有得失。任教職有許多自己時間，可以進修讀書，充實自己，有的同仁利用時間讀書考研究所，進而讀博士或國外深造，在學術領域很有成就。而競競業業投入管教訓的隊職官，很難有自己的時間可以讀書，兩條人生路線只能成其一，吳信義回頭思來，還是覺得讀書才能功成名就，這只能說各有利弊得失，凡事都是相對的。

如今一切利弊得失，吳信義都能以平常心看待，他認為發揮自己的長項才是最重要。做好經師、人師是對自己的期許，一種從嚴自我要求的標準，雖難以達到至善。但看到昔日帶過的學員生，在近半個世紀後，他們仍念念不忘當年對他們的諄諄教悔，這是身為隊職官一生中，最大的安慰了。

吳君帶過的64到67年班學生，現在也早已解甲歸田了，他們偶爾會收到老隊長的贈書。二〇一八年四月，吳信義寄《健群小品》第三集，一位叫龍春文的學生回說：「40年前復興崗的點點滴滴湧上心頭，感恩隊長的教誨。」

另一位叫王飛錚向老隊長報告，何時有讓弟子服其勞的福緣；一個叫王義忠的說，「感謝隊長能給我們機會分享您的智慧結晶，能讓我們從日常生活中活躍人生。」（註二）

其實大家都已經是老人家了，但年輕時代那份師生情真是終身也難忘。吳信義形容學校的部隊生活不為過，雖然辛苦，今天卻成最美好的回憶。

吳君的退休生活規劃方式，成為許多老少好友的榜樣，大家都想向他取經「怎樣過快樂健康的退休生活」。二〇一九年65年班（即政戰22期）同學會北區分會，召集人利維民老弟兩個月前，就約好老隊長要去演講；活動在劍潭青年活動中心，吳信義講退休快樂生活，先決條件在健康的身心靈，其次講到老二哲學、終身學習和每日健走，養成良好的生活習慣。（註三）就是這樣，吳君也常應其他團體邀請，演講快樂生活的經營，而以他當隊職、教職帶過的學員生，最常請他去「講經說法」。

二〇二〇年十一月某日，吳信義和19期羅金剛老弟相見歡，他倆共同帶過64（21期）、65（22期）、66（23期）年班。杯酒交歡話當年，都認為隊職官是人師也是經師，身教言教都要經得起學生考驗，把愛心放在學生身上，這就是一輩子的懷念。（註三）吳信義體會在部隊帶兵和在學校帶學生的差別，學校是大學生，部隊常備兵教育程度參差不齊，因材施教很重要。

參、親身經歷的經師人師再詮釋

吳君以自己親身經歷論述經師人師的文章，在他各冊著作中，至少有二十篇以上。〈人師經師〉一文，對現代師道沒落感到憂心。（註四）經師只在教室課堂傳授專業知識，課堂外的生活不必受到檢驗，而人師其言行舉止，要受到「十目所視、十手所指，其嚴乎！」比喻一個人的言行，受到眾人的監視注意，不可不慎！

小學老師容易做到小學生的人師，軍事院校隊職官、部隊帶兵官，都容易做到人師，因為朝夕相處在一起，只要能以身作則，都能潛移默化，產生直接影響。但現代有些留洋回來的老師，衣著隨便就去上課，師道沒落，不知未來將如何！

在現代社會要做到經師人師，乃是難中之難。但吳信義有幸為經師十年，人師十幾年，他以自身經驗分享詮釋何者為經師？何者為人師？（註五）所謂經師也者，是韓愈所說：「師者，之所以傳道、授業、解惑也」。

如正規學校裡講堂上的老師，社會上有專業知識和技能者。廣義而言，可以傳授知識、學能或專長者，皆可為經師。

所謂人師也者，除了具備經師的傳道、授業、解惑之外，其言行舉止及行為，都是為學生或眾人的表率。吳信義回憶，在復興崗擔任隊職工作，檢查學生服裝儀容前，自己的服儀都先合於標準，學生才會心悅誠服，這樣才能成為真正的人師。凡事都能以身作則，時時都先要求自己，鞭策自己。

吳君記得，當年許歷農將軍擔任校長時，曾特別規定軍、文職教授、副教授、講師、教官，均統稱老師，得以使學生以老師相稱。吳信義除了期許自己做好人師經師角色，他在人生道路上也遇到可貴的人師經師，例如他的高中老師侯文如給他啟蒙影響很大，許歷農將軍是他的人生導師；研究班班主任陳國綱將軍（註六）也是可敬的經師人師，二〇一九年八月他過逝，吳信義親往參加追思會，並寫了〈追思與懷念〉一文。（註七）

吳君回顧自己成長到退休以來，深感人生老師何其多，包含他學唱歌、跳舞、打球、烹飪等，都是老師。就是這種「三人行必有我師」的心態，他認為長官其實就是最好的人師，以前對官大學問大不以為然，後來明白是指經驗常識多。對好長官來說，他就是良師，吳信義放眼看出，到處都有老師，他始終在學習中享受學習樂趣。

肆、完成終身大事娶到山西名門望族李舜玉小姐

就在一九七五年（民國64年），吳信義還任職復興崗學生班十中隊中隊長時，蔣公逝世的第二天，他結婚了，完成人生的終身大事，娶到一個山西名門望族的大美女李舜玉。說你不相信，他是靠潛意識的力量，心想事成娶到理想中的嬌妻、好老婆。

在第一次「苦戀」的經驗，要在安定的工作單位，這句話深埋在吳信義的心中。（註八）在〈潛意識力量(二)〉一文，說出了其中的秘密。（註九）這是苦戀後的領悟，也是改進版。

之後他的潛意識一直告訴自己，夫妻都要有一個安定的工作才行，一定要找到適合的對象結婚成家。當年軍人待遇比一般公務員差，大家都考慮要能找到職業婦女為優先，又以老師和護士最好，工作安定又有保障。潛意識裡以此為標的，看到許多同學都能如己所願，更激發自己意願，非老師、護士不娶。

尋尋覓覓，終於在三十一歲之年（按年表32歲），找到他天命中的伴侶李舜玉小姐，她就是一個老師。她前後從事教職有四十七年，可謂桃李滿天下，說是平凡亦是不平凡、不容易。

李舜玉小姐，吾國山西省名門望族之後也。她的父親是李仰韓，字荊卿，別署劍青，一字漱石，又字激雲，晚號辛亥居士，山西垣曲人，生於民前十一年（清光緒二十六年、西元一八八九年）。北京中國大學政治系畢業，革命實踐研究院結業。

李仰韓革命思想啟蒙於童年，及長，從仇元璹、景梅九諸先進遊，信念益堅。年二十八，在山西考取縣知事，並經考試院覆核及格，歷任山陰、方山、中陽等縣縣長，勤政愛民，所至有聲。

民國二十五年，延安共軍傾巢圍困中陽，奉令固守待援，完成使命，尤為膾炙人口。嗣後毅然南下金陵，轉任最高法院書記官，曾奉派新疆承化地方法院推事，因時局惡化未就，亦曾應聘編審及特試襄試委員。

抗戰期間，李仰韓著有勳績，榮奉蔣公（時任國民政府主席）頒發勝利勳章，及忠孝傳家匾額。他晚年搜集歷代先知預言之作，苦心探索其奧祕，頗多新發現，遂加以詳解，著成《三民主義統一中國之預測》一書。

民國七十七年五月，李仰韓出版了自己的回憶錄，《憶往點滴》（四弟李莎編）（註十）值得一述是，該書由謝冰瑩提序，方向扉頁木刻，姚夢谷扉頁插圖，吳信義校對，李莎（李仰韓的四弟）裝幀，孔德成封面題字，方向封面版畫，梁中銘作者畫像，無名氏內頁題字「憶往點滴事如春夢了無痕」（無名氏錄東坡句），李舜玉帳戶。可見該書工程鉅大，參與者都是當代大師級人物，李仰韓於民國八十年過世，享壽九十三歲，李莎八十二年往生享年七十歲。

吳信義在〈憶岳父往事〉一文提到，岳父生前曾告訴他，民國十三年曾參加國父逝世謁靈，民國六十四年又參加蔣公謁靈，事隔五十一年，世上多少人有此機會。（註十一）蔣公頒的「忠孝傳家」獎狀，仍掛在內弟自彊家中，這是李家的傳家之寶。

吳信義在該文的註，另述著名詩人李莎（李仰弼）是岳父的四弟，隨妻吳信義要叫李莎叔叔。一九二四年七月李莎出生在山西垣曲，抗戰時開始寫詩，一九四二年在《陣中日報》，發表處女詩作〈落難的老婦人〉，同年參軍，任少尉政工隊員，在陝西韓以懷鄉和戎馬生活為主。李莎和謝冰瑩、羊令野、紀弦等，都是一代大詩人、大作家，也是好朋友。

以上略述吳信義以潛意識力量找到的天命伴侶，李舜玉的家世背景，婚姻天成，門當戶對，台灣大家族配山西望族。吳夫人畢業於台北女師，在台北私立新民小學執教四十餘年，目前也早已退休，過著健康快樂的退休生活。

吳信義在母校最後一個經師人師工作，是「六大戰」思想戰教官，時間長達八年。政治作戰六大戰是一體的，乃以思想戰植根，組織戰佈局，情報戰明敵，謀略戰誤敵，心理戰攻心，群眾戰制面，彼此關聯，須統一策劃指導使其相輔相成。（註十二）未知現在國軍是否仍重視六大戰，或早已自廢武功！

註釋

註一 吳信義，《歲月行腳—健群小品》（第四集）（台北：文史哲出版社，二〇二〇年元月），頁二四九—二五〇。

註二 同註一，頁七〇—七一。

註三 吳信義，《歲月留痕—健群小品》（第五集）（台北：文史哲出版社，二〇二一年五月），頁二九〇。

註　四　吳信義，《行腳留痕—健群小品》（第六集）（台北：文史哲出版社，二〇二三年五月），頁一〇八—一〇九。

註　五　吳信義，《所見所聞所思所感—健群小品》（台北：文史哲出版社，二〇一四年九月），頁七二—七三。

註　六　吳信義，《健群小品》（第三集）（台北：文史哲出版社，二〇一八年三月），頁一四八、一五三—一五四。

註　七　同註三，頁一一五。

註　八　同註五，頁二七六—二七八。

註　九　同註五，頁二七九—二八〇。

註　十　李仰韓著，李莎編，《憶往點滴》（台北：自印版，一九八八年五月）。關於李仰韓、李莎，尚可從「古哥」查尋，這兩兄弟都是一代名家，有許多感動人心的故事。

註十一　吳信義，《歲月行腳—健群小品》（第四集）（台北：文史哲出版社，二〇二〇年元月），頁二七二—二七三。

註十二　國防部印頒，《國軍政治作戰要綱》（台北：一九九一年三月一日），詳見第三章。

第六章 台大因緣長長久久

信義師兄超會講笑話，許多他帶過的學生，當年講的功課早已忘了，只記得老師講的笑話。筆者聽過多次師兄初到台大發生的一件真笑話，是真的趣事。

剛到台大幾天，有一天下午，他看見一對男女學生在宿舍門口擁抱接吻，他正準備要上前糾正，一時又止步思考要如何處理！最終覺得才剛到台大不宜冒然。乃到教官室請教如何處理？得到的答案是：「這種事在台大希鬆平常，不需處理。」他才從此釋懷。

也確實，吳信義曾說過，他高中畢業到復興崗四年都是「一張白紙」，下野戰部隊回到復興崗仍是一張白紙，母校經師人師二十年還是一張白紙。到台大突然看到光天化日下，男女生接吻，自然是覺得有違善良風俗吧！

說你不相信，吳信義能到台大也是運用潛意識力量，心想事成，在〈潛意識力量㈠〉一文，記述著此事（註一），說來有些神奇。

原來吳信義早想轉任軍訓教官，可以到外面大學服務。但民國七十六年後，每年有意轉任報考的人，都被長官一句看似美意的話，「尚年輕有發展潛力」批了不准，就這樣延遲了六年。吳信義內心形成一股潛意識，決心要達成目標，研究班任教八年了，也該把位子讓給年輕的學弟接棒。

民國八十一年機會終於有了，他爭取到代表參加國防部全軍八十七位上校考試，只錄取十三名，他是其中之一。吳信義心想事成，受完一個月教官講習後，他於八十二年八月一日到台大農學院報到，擔任主任教官，他形容終於享受到錢多、事少、離家近的生活。

當年軍訓教官在一般大學，除了教室上課和住宿管理，並無什麼可歌可感之事可記述。幸好吳信義有一篇〈台大憶往〉，寫下當年幾件重大見聞。（註二）

第一、南灣事件：民國八十二年九月，台大五位馬來西亞僑生，在屏東南灣海水浴場被海浪沖走，是農學院學生。吳信義主任教官帶著另一中校教官南下處理，先協調漁船都不願搜尋，吳主任求助在海軍陸戰隊的同學，派出橡皮艇和蛙人搜尋，經兩天一夜才尋獲，完成任務。完事後回校接受表揚，家長也很感恩。

第二、教室禮節：吳主任上課進教室，先向學生問早道好，大家稀落回應。他反問大家，高中以前有無教室禮節，由班長喊「起立、敬禮、坐下」老師好，同學以笑容默認，何以進了台大就忘了禮節。主任期許下週上課改進，後來上課師生互動很好，可見教育是必須要求的，若不要求，就會積非成是。

第三、何以打架？宿舍教官問：何以博士、碩士班研究生會打架？吳主任答說，他們從小學一路走來，功課好ＩＱ高，然五育中的德體群美停留在小學程度，君不見小學生一言不合就打架。

第四、女生看Ａ片：台大一位教授公開宣佈，某時要在某教室放Ａ片，以利兩性教育。結果引起各媒體轟動，校務會議決議要處分教授和女生發起人，才平息一場風波。事後有女生不平說，為何男生可以看，女生不能看。吳主任回答：男生是私下偷偷看，女生公開說要看，違背有些事能私下做不能公開說的道理，世上有些事能說不能做，有些能做不能說，學問很大。

另有一篇〈憶台大研一舍〉，吳信義提到總教官韓懷豫將軍本要他負責大學部男一、二宿舍管理，學務長召見改派研究生宿舍。（註三）研究生的管理輕鬆許多，幾乎不需要管理。

一九九五年（民國84年）八月一日，吳信義奉准退伍，結束軍旅生涯廿七年（含學生四年共三十一年）。在他退伍的前一年（83年）四月，筆者也到台大當教官，當時有教官編制四十八人，含軍護十人就將近六十人。（註四）不久台大率先造反，要教官退出校園，遇缺不補，現在連軍訓室也拆了，時代變了！

台大是吳信義軍職生涯的第三個職場，時間最短，但在台大結的好因緣使得友誼長長久久。他在〈憶我的職場生涯〉一文說，台大服務最短兩年，但退休後參加台大社團活動最多，近二十年來，如台大退聯會、登山會、聯合服務中心志工、逸仙學會、退休教官聯誼會、退聯會歌唱班等。（註五）庚續了淵源，延續了互動，越老越熱絡，目前吳信義是台大志工隊隊長，台大情緣長長久久。

在吳君所有作品中，至少數十篇是記錄參加台大各社團的心得，寫下許多人事地物的因緣關係，成為另類校史。不論何時，吳信義都鼓勵退休人員走出來，參加活動，他在〈台大因緣會的一些感想〉一文，有高妙的詮釋，「夫妻要相互鼓勵對方走出去，而不是約束彼此在家才安心，要給另一半社交生活空間，而不是夫唱婦隨形影不離的生活。生活一輩子，老伴非天天要在一起。」（註六）這個觀點，吳信義也在台大退聯會理監事會「談古說今」演講過，高妙的智慧之言。

筆者也認為，一味的要「夫唱婦隨」或「婦唱夫隨」，遲早必出問題，這種本是獨立的個體，卻要天天掛在一起，就是嚴重違反人性；那些不得不如斯者，大多是不得已，或有特別原因隱情等。

筆者在台大也只有五年，但有幸結識吳信義、吳元俊二位師兄，台大和其他活動通常我們三人結伴同行（見後面相關各章）。這都是因緣於我們同在台大服務，我們會延續這份情緣，直到天長地久、海枯石爛吧！

註釋

註一　吳信義，《所見所聞所思所感—健群小品》（台北：文史哲出版社，二〇一四年九月），頁二七六—二七八。

註二　吳信義，《健群小品》（第三集）（台北：文史哲出版社，二〇一八年三月），頁一九一—一九二。

註三　吳信義，《芝山雅舍—健群小品》（台北：文史哲出版社，二〇一六年七月），頁二五七—二五八。

註四 陳福成，《台大教官興衰錄》（台北：文史哲出版社，二〇一三年十月）。

註五 同註三，頁一五二—一五三。

註六 同註三，頁一一二。

第三篇　退伍（休）至今28年

吳信義退休至今（二〇二三年）已二十八年，超過他畢業後的軍職年數。這二十八年用多彩豐富已不能形容，而是非常非常！

第七章　退伍（休）生活規劃與經營
第八章　政戰十四期與復興崗情緣
第九章　皈依與佛緣：佛光山佛學夏令營
第十章　山西芮城因緣永懷念
第十一章　大陸參訪交流與全統會
第十二章　作家的成長：九年出版六本書

第七章　退伍（休）生活規劃與經營

吳信義於一九九五年（民國84年）八月一日，奉准退伍，同年應國防部聘請擔任成功嶺大專寒暑訓教官，為大專青年講授為何而戰、為誰而戰之反共愛國思想教育。前後三年多，民國八十八年寒訓後，大專集訓被老蕃癲李登輝終結了，這是他搞台獨的陰謀。

成功嶺只有寒暑假有課，不影響他退休生活的規劃與經營。他有兩篇文章，一是〈享受退休樂活的人生〉（註一）、二是〈活動美化生活〉（註二）。綜合二文和他口述補充，可得其「退休生活規劃與經營要綱」如下：

㈠每日必修功課：早晚各在附近公園健走一個半小時，兩次共約三小時，數十年不斷，國內外旅遊也維持早晚健走習慣。另，太太尚未退休時，每日負責買菜、做菜、煮飯等家事，當成一門功課，樂在其中。

㈡每週功課：每週有二或三次舞蹈學習（國標舞）、每週有三小時學唱歌或與好友歌舞歡樂，亦從未斷過。初退時每週打一或兩次麻將，十前年就戒掉了。

㈢每月一次或兩次的活動：台大志工、中華健康長壽早餐會、社大同學餐會、全統會聯誼、打網球、高爾夫球（打了十年）。

㈣每三個月一次的活動：球友餐敘、退休台大教官聯誼餐會、文友雅聚（六加四）、台大退休人員聯誼會等。

㈤每年固定的年會：中國全民民主統一會、佛光山國際佛光會台北教師分會、佛光山佛學夏令營、台大退聯會大會、台大登山會年會、台大志工研習（每年兩次）。

㈥每年都有幾次的活動：小學、初中、高中、大學、社大的同學會；台大登山會早期每年五次，近幾年改八次及格（及格者才能領獎品，主要是好友相見歡）。

㈦復興崗十四期全國性同學會兩年一次。但北區同學會每年有很多活動，如春節團拜、跳舞唱歌、旅遊、每年回校參加校慶。另統派的活動，同學也結伴參加。

㈧經師人師所帶過的學員生班隊同學會，如63到67年班、六大戰學員班等，他們的同學會常邀老長官參加。

㈨週六、日是家庭日，住台北的姊弟妹親情緣深，也經常聚會，或參加國內外旅遊，親人相聚永不嫌多！

㈩退休以來，大陸各省雖未走遍，至少已走遍大江南北；地球上列國近二百，他至少已跑遍主要的幾十國家。

⑾吳信義廣結善緣，婚喪喜宴特別多，初退時喜宴多，現在他感嘆參加的告別式越來越多，某老友幾天前才一起吃飯，就傳來說昨晚走了，無常啊！

以上有些從未停過（如早餐會、同學會），有些十幾年就停了（如麻將、高球）。吳信義常說「獨樂樂不如眾樂樂」，但他強調，做個人喜歡的活動，與喜歡的人一起參加活動，與志同道合的好友做共同喜歡的活動。這點筆者完全認同，與信義師兄參加許多有意義的活動。

以下把幾個從未停過的圈圈（活動），做一緣起之簡介。（有關台大和教官看第六章、政戰十四期和復興崗看第八章、佛光山看第九章、全統會看第十一章）。

第一、社區大學活動：士林社大是台北市最早成立的大學，一班有三十多人，來自各行各業，跟隨趙玲玲教授學習中國諸子百家經典和西洋哲學，長達七年，課程結束後仍每月餐敘一次。民國九十三年社大開辦國標舞班，吳信義參加初、中、進階班，有了基礎後，又參加東湖、中山市場、士林公民會館舞班，玩得不亦樂乎。

第二、中華健康長壽早餐會（簡稱早餐會）：數十年來早餐會都在天成飯店，每月一次，每次會請一名人演講。許多名人，如陶士君、吳敦義、簡漢生、曾祥鐸、武士嵩、李莉莉、王化榛、何志浩、施明德、許歷農等，都經常參加或演講。（註三）早餐會會長是余帆教授，吳信義從民國七十五年參加早餐會，至今從未停過，裡面九十歲、百餘歲老人，比比皆是，八十歲都算「年輕人」。

第三、每日健走感悟奇人奇事：吳信義有許多文章寫每日健走的感悟，在芝山公園遇九十多歲栽種花木的王老先生，協助信義栽種三株花木，分別是榕樹、樟樹和夜來香，彼此成了好友。（註四）有段時間他也常早晚走雙溪河濱公園，同時打掃落葉，左右揮掃當成高爾夫揮桿樂趣。有一年秋天，他在步道漫走，他寫到秋意已濃，感受「春有百花秋有月，夏有涼風冬有雪，若無閒事掛心頭，便是人間好時節。」（註五）每日早晚健走，是他享受獨處的時光，也是他沈思的時間，他是否受到前台大校長傅斯年的影

響？（註六）

第四、從「華國緣」到「六加四」：十多年前，以信義、俊歌和筆者為骨幹，邀十餘朋友在華國飯店定期餐敘。經過多年緣聚又緣滅，及有退出者，乃轉型為「黃昏六老」（師兄弟三人，加出版家彭正雄、詩人台客、老主任教官楊長基），後有四美女（愛真、素銀、莉玲、昭華）加入，乃簡稱「六加四」。目前這個小圈圈兩個月一次正式餐敘，偶爾有小聚或相約參加其他活動。

用〈好心情養生〉一文，做本章小結。（註七）該文記著大陸一個名主持人叫李詠，五十歲癌逝臨終前一句話：「少和讓你生氣的人在一起，少和事多的人在一起，少和不懂感恩的人在一起。少和敷衍你的人在一起，少和謊話連篇的人在一起，讓自己多活幾年！」

吳信義處世以我們的師父星雲大師所言：三好、四給、五和為信條。三好（說好話、做好事、存好心）、四給（給人信心、給人歡喜、給人希望、給人方便）、五和（自心和樂、人我和敬、家庭和順、社會和諧、世界和平）。雖難以做到完善，至少心嚮往之，做為一種目標追尋或心靈修行的功課。

註釋

註一　吳信義，《所見所聞所思所感—健群小品》（台北：文史哲出版社，二〇一四年九月），頁六一—六二。

註二　吳信義，《芝山雅舍—健群小品》（台北：文史哲出版社，二〇一六年七月），頁一二六—一二七。

註三　吳信義，《健群小品》（第三集）（台北：文史哲出版社，二〇一八年三月），頁一三七。談早餐會的文章約有二十篇，可自行詳閱吳信義的六本書。

註四　吳信義，《歲月行腳—健群小品》（第四集）（台北：文史哲出版社，二〇二〇年元月），頁九三。

註五　吳信義，《歲月留痕—健群小品》（第五集）（台北：文史哲出版社，二〇二一年五月），頁一二〇。

註六　前台大校長傅斯年曾說：「一天只有廿一小時，剩下三小時用來沈思。」吳信義每日早晚健走沈思時間，正好三小時。

註七　同註五，頁五五。

第八章　政戰十四期暨復興崗情緣

從最初建校叫政工幹校，後改政治作戰學校，今已改制政治作戰學院，隸屬國防大學各院之一。對各期稱謂，統稱「政戰某期」，例如政戰十四期，就三軍而言，是五十七年班。

當我深入了解政戰十四期同學會，他們的經營模式，各屆同學會會長和幹部的無私奉獻，所做所為，發現這是一個很優秀的團體（或組織）。其實三軍各軍事院校各期都有同學會組織，但能如政戰十四期之團結合作，向心力之強，做了許多有聲有色、多姿多彩的退休活動，卻是未見。難怪師兄吳信義有濃濃的「復興崗情緣」，濃的化不開，凡有關同學會或復興崗事，他無不參與，現在他又身為會長，每日心中都在想著十四期事，他一顆心也常常掛在復興崗上。

壹、吳信義的復興崗情緣

在〈教授班情誼〉一文，吳信義提到復興崗畢業同學有四種情誼。（註一）其一是入伍同一個連同一個班，共甘苦。其二是學生四年同一個中隊生活，同管教。其三是四年學習同一個教授班，同學習。其四是同期同學一世情，有深厚的情緣。

四年朝夕生活與學習都在一起，培養深厚的革命感情。十四期政治系有男女同學近二百人，分成八個中隊，學習上分四個教授班，有入伍訓練情、有中隊生活情、有教授班學習情，同學三者兼有者，情份就更濃了。

十四期其他系人少，如新聞、影劇、音樂、體育、美術等系，只是業科上課有別，而革命感情依然深厚。有女同學三十多位，姐妹情更不在話下。吳信義深刻領悟同學情具有「革命性」的不凡，真是此生難忘，他說「入伍訓練十一週同甘苦最可貴、四年同隊生活最難忘、四年同班學習不會忘」。他在另一篇〈同學情〉，增加「畢業分發同軍或同單位，建立同事情」。（註二）即復興崗同學有五種深厚情緣，這是一生一世的情。

從政戰十四期同學情衍伸到整個復興崗情緣，內容就更豐富了如：㈠帶過的班隊，64到68年班、專科一期同學會他常參加。㈡其他科系或學長的活動也常受邀參加，如「芝山悠遊會」。（註三）㈢母校長官、同事的婚喪喜宴參與也多。㈣舉凡有關復興崗事，如校慶、校友會、經國先生音樂會，他都與同學結伴同行，無役不與！

政戰老大哥蘭觀生學長，勉勵吳信義人生要做三件事：要有著作出版、要傳宗接代延續、要種樹留下紀念。（註四）他在芝山岩種兩株樟，他回憶民國六十九年，在當年外文館前督導種龍柏二十株，事隔四十年返校去看，已長到兩層樓高，特別留影紀念。心願雖是小小的，情緣卻是深深的。

貳、十四期歷屆會長專心經營、無私奉獻辦活動

政戰十四期同學會第一屆會長是王漢國、二屆黃錦璋、三屆傅桃華、四屆黃光勳、五屆黃南東、六屆趙華淼、七屆蔡勝隆、八屆高祖懷、九屆洪陸訓、十屆游昭仁。二〇二二年九月十九日，吳信義當選第十一屆會長。簡略的看看前面十多年來，同學會所做的事：

第一、建立同學會連絡訊息平台：吳信義在〈對57部落格之我見〉一文

說，「57復興崗部落格沿用至今已邁入第十年（第五屆），同學會從第四屆尊仙兄成立57小坪頂，到第五屆奎章兄建立57復興崗二〇一二，第六屆我接棒57復興崗二〇一四，接著第七屆小琪兄57復興崗二〇一六。因為小琪身故，勝隆兄囑我又接棒一年，第八屆由蜀禧同學接手，他大部以FB和Line來PO文，如今第九屆由宗鑑同學承擔57復興崗二〇一八。」（註五）可以說，十四期的連絡平台傳承的很好，是大家團結向心的精神園地，心靈共話的舞台。

第二、各期會長帶著幹部做了很多事：如旅遊、各區同學會交流、每年同學會。另我看到二〇一七、二〇一八、二〇一九年都有春節團拜，其他各年可能也有，每次同學含眷屬都來近二百人。吳信義在春節團拜引莫言說，「有同學的地方，無論是鬧市還是鄉村，都是景色最美的地方。」（註六）

第三、成立十四期國標舞班，玩得不亦樂乎：吳信義有兩篇文章談同學會成立舞蹈班事，〈我與跳舞〉、〈我們這一班：舞在士林公民會館〉。（註七）舞班成立於二〇一二年十二月，這是會長華淼和副會長巧蘭免費義務教學，海光同學熱心奔走才能成立的。說實在筆者羨慕，我期同學會也曾建議成立舞班，夫人們強烈反對，謂「跳來跳去，都跳到床上去！」是這樣嗎？

參、軍事院校同學會的壯舉《走過塵土與雲月》出版（註八）

二〇一四年四月，同學會通過「人人撰寫小傳」決議，計劃九月時是同學入伍五十週年，可以分發同學做紀念。（註九）這是軍事院校的壯舉，《走過塵土與雲月》一書由王榮川教授主編，經過數月共襄盛舉，順利出版，有七十多篇同學小傳，這是第六屆團隊努力的成果，二屆會長發起寫小傳有功焉。按該書寫小傳的傳主如下：

黃建峰、游昭仁、王禾平、馮治興、談鴻保、蓋牧群、丘良英、夏繼曾、張嵩懿、黃錦璋、譚遠雄、林熺城、王漢國、賈育民、張清民、吳恆宇、趙中生、陳鎮雄、陸安民、葛勝利、楊浩、傅一秀、謝世經、孫義村、張海光、王榮川、羅勝雄、邱麗霞、金國樑、劉建鷗、張嵩懿、江鴻洲、洪文學、張代春、楊興棟、董樹雲、譚遠雄、梁忠民、何德大、陳連堂、譚遠雄、孔小琪、曾玉麟、沈遠蓬、林正秋、吳信義、黃俊男、傅桃華、黎興、曹允斌、劉剛、蔡英雄、張清民、林威國、張詩貴、郭銘雄、王福財、王夢龍、陳漢蒂、蔡勝隆、趙華淼、寇文漢、李水生、王映崑、陳嘉峻、李大同、李明祥、洪陸訓、胡崇光、伊玉珍、龔巧蘭、廖志明、吳信義、黃錦璋。

（別註：以上74位傳主，有人名重複，均照目錄抄下）。民國一〇三年九月十四日，第六屆團隊在台北國軍英雄館，辦入伍五十週年，到有二百多人，該書人手一冊，這是一生一世的紀念。吳信義在〈圓滿成功的同學會〉一文，最後嘆問「半個世紀在人生中能否再有一次？」（註十）只有一次，才是值得珍惜。

肆、吳信義接第十一屆會長後

十多年前，有幾位同學要推舉吳信義當會長，當時他以玩笑說：「待十年以後再說，轉眼十年已過，一言既出，駟馬難追，今天我當選十一屆同學會會長。」（註十一）他同時表示，會長是榮譽也是責任更是使命，是任勞任怨、出錢出力，是要無怨無悔的付出，今後要以此精神為大家服務。筆者發現，信義師兄不光復興崗情緣超濃，對同學會的使命感也是超強。

完成團隊「組閣」後，二〇二二年十月一日，同學會在英雄館牡丹廳完成交接儀式，吳信義正式成為政戰十四期同學會第十一屆會長。他當即交待「請秘書長及活動組長於十二月上旬前，了解疫情，評估考量可否舉辦一一二年春節團拜。」

二〇二一年十二月，十四期同學會幹部會議，秘書長黎興統計同學往生者已74人，佔全期同學四分之一。（註十二）吳信義接會長後，感嘆以前大家年輕，同學會辦旅遊玩樂多，現在同學平均年齡八十了，以探病慰問告別式多。政二教授班又走了一位好同學，送他最後一程後，寫下感慨：（註十三）

人生風光一世　死亡終歸消逝
何須計較得失　智者看淡放下
一生榮華富貴　轉眼煙消雲散
無罣礙無恐怖　遠離顛倒夢想
坦然豁達於心　灑脱自在解脱
人生是場修行　緣起莫忘初心
來去兩手空空　緣滅順其自然

看師兄的佛法修行，果然是有境界。更重要，筆者讀他的作品，寫他的回憶錄，等於我上了一課，相信對其他讀者也是。

伍、十四期的將軍、博士、大師與能人

軍事院校各期都有一些很傑出的人物，但政戰十四期好像特別多，筆者沒有特別做調查研究。吳信義在一篇文章說，「博士、教授、校長、大律師、大畫家、將軍比比皆是，有二十幾位升了將軍（四位中將），近四分之一同學上校官階退伍，這是國家軍事教育所培育的成就，我們引以為榮。」（註十四）

在〈永懷同學幸雄大師〉一文，有許多同學的追思文，其中提到藝術系林幸雄同學，被藝壇評選為廿一世紀中國三大名師，與趙無極、丁韶光齊名。（註十五）又如牡丹大師邢萬齡，都是一代大師級人物，亦為政戰十四期同學之光。

筆者民國七十五到七十七年，在政戰政研所，碩士論文的指導委員之一，就是政戰十四期王榮川教授（另二人是張復華、陳水逢教授）。（註十六）吳信義在〈能者必多勞〉一文，寫的是黃錦璋，上校退伍後又做了許多奉獻

工作，如宜蘭榮光會理事長、輔導會科長、醫院社工主任、國民黨黨代表等。（註十七）這些工作大多是志工性質，他樂在其中。

黃錦璋還有一項很感人、很貼心的作為，數十年來他仍親手寫祝賀卡片，慶賀許多同學的生日。讓人意外的是，他也是一個大書法家，持恒勤練書法五十多年。用吳信義的話說，就是不容易、不簡單、不平凡。

陸、復興崗情緣的衍伸：復興崗師友聯誼會

復興崗師友聯誼會，是政戰前副校長林恒雄將軍（註十八）於近年所成立，他並擔任會長，吳信義擔任秘書長。該會參加者有復興崗各期師友，後因林將軍是紅十字會義工，故也有外界朋友加入，由於林將軍的引領，本會（筆者也是會員）做了不少慈善工作。

本會之成立，先是緣於林將軍在文史哲出版社出版《願力常在我心》，出版家彭正雄先生知道他和吳信義，曾有長官部屬關係，乃約雙方聯誼。二〇二〇年七月十三日，一群復興崗師友成立聯誼會，林將軍自任會長，請吳信義當秘書長。

本會雖年輕，但很有「林將軍特色」：㈠終身學習精神、㈡堅持做正確的事、㈢持之以恆、㈣做志工、關懷榮民、出錢出力做慈善。（註十九）。今（二〇二三）年因紅十字會水安隊友加入，本會名稱改「復興崗師友暨水安聯誼會」，這是復興崗情緣的衍伸。

值得一說是，最近林將軍號召捐贈台東馬蘭榮家一個大型洗衣機，並為榮家成立圖書室，大家都積極響應做善事，光是林將軍就出了好幾十萬元，可敬啊！

註釋

註一　吳信義，《歲月留痕—健群小品》（第五集）（台北：文史哲出版社，二〇二一年五月），頁一一〇。

註二　吳信義，《行腳留痕—健群小品》（第六集）（台北：文史哲出版社，二〇二三年五月），頁二六五。

註三　吳信義，《健群小品》（第三集）（台北：文史哲出版社，二〇一八年三月），頁一二四。

註四　同註二，頁一二三。

註　五　吳信義，《歲月行腳—健群小品》（第四集）（台北：文史哲出版社，二〇二〇年元月），頁一七二—一七三。

註　六　同註五，頁四六。

註　七　吳信義，《所見所聞所思所感—健群小品》（台北：文史哲出版社，二〇一四年九月），頁一四六—一四八和一九〇—一九一。

註　八　王榮川編著，《走過塵土與雲月》（台北：文史哲出版社，二〇一四年九月）。

註　九　同註七，頁三二三—三二四。

註　十　吳信義，《芝山雅舍—健群小品》（台北：文史哲出版社，二〇一六年七月），頁六五—六六。

註十一　同註二，頁二三三。

註十二　同註二，頁一四六。

註十三　同註二，頁二六六。

註十四　同註十，頁六六。

註十五　同註三，頁二六二。

註十六　陳福成，政治作戰學校政治研究所碩士論文，《中國近代政治結社之研究》（一九八八年六月）。

註十七　同註一，頁五〇。

註十八　林恒雄將軍。一九三六年生，台中人，政戰五期，曾任政戰學校副校長。曾在金馬十五年，一九五八年參與「八二三」砲戰，任多國駐外武官。近二十年來擔任紅十字會終身志工，八十多歲時取得世新大學文學博士。著作有《泳難忘懷》、《願力長在我心》、《領悟《心經》意涵》。

註十九　同註一，頁二四〇。

第九章　皈依與佛緣：教師分會與佛學夏令營

大約二〇〇二或二〇〇三年之際，好友吳元俊（號俊歌，以下行文稱俊歌），介紹吳信義和筆者認識教師分會朋友，開始親近佛法。其實只是參加一些活動，還談不上什麼親近佛法。

在俊歌的引導下，信義、俊歌和筆者，在二〇〇四年二月，正式加入「國際佛光會中華總會台北教師分會」（以下簡稱教師分會）。我們三人因為俗務太多，並沒有很積極參加教師分會活動，月例會和年會偶爾參加，俊歌比我兩人積極些。

也是由於俊歌的帶動，三人決心進一步皈依。二〇〇七年十二月廿二日，在佛光山台北道場發心皈依三寶，禮拜星雲大師為三皈本師，儀式中我們隨師誦念：

盡形壽皈依佛，永不皈依外道天魔！

盡形壽皈依法，永不信奉外道邪教！

盡形壽皈依僧，永不跟隨外道門徒！

我們皈依在星雲大師座下後，也成為佛教臨濟宗第四十九代弟子，三人也多了「師兄弟」稱謂。二〇〇八年，俊歌和筆者到佛光山，參加第六十二期短期出家修道會。事後，筆者為三人皈依各寫一首詩，收錄在《幻夢花開一江山》傳統詩集中。（註一）

詠師吳信義皈依

校園志工吳信義，中國統一最出力；

台北道場也常去，本傳居士握天機。

詠師兄吳元俊皈依

台大志工吳元俊，普渡眾生他最行；

服務人生正確觀，本立居士好風景。

筆者皈依自詠

皈依三寶佛法僧，茫茫人海新人生；

信仰流浪到五六，本肇居士有新程。

皈依後師兄弟各有法名，信義師兄是「本傳」居士，俊歌師兄是「本立」居士，筆者是「本肇」居士。之後，我們三人連續多年，一起南下本山參加「全國教師佛學夏令營」，以下簡述歷年參加概況。

壹、二〇一〇年全國教師佛學夏令營概況

本年夏令營時間在八月十七日到二十日，共四天，扣除第一天上午報到，第四天中午過堂後賦歸，實則只有三天。每天都有早課、晚課，重要專題課程如下：

滿醍法師，〈佛門行儀〉

永固法師，〈人間佛教的戒定慧學〉

慧昭法師，〈在家戒之實踐〉

覺培法師，〈學佛次第〉

心培和尚，〈正解真理密碼：三法印〉（註二）

今年的主題是「增上心」。我的筆記寫著第三天晚上，師父星雲大師來

開示，他幽默又健談，談到佛法在生活中、因果、真理的條件、苦難也是教育、不忘初心等。還談到「為什麼沒人緣？」因為言談中只有「我」，開口閉口都是「我」，我要、我看……沒有別人。

貳、二〇二一年全國教師佛學夏令營概況

本年夏令營時間在八月十七到二十日。星雲大師坐輪椅來主持開營典禮，他講到佛陀是各宗教中，唯一不是「神」的教主，他不是神，他是一個人。今年除早晚課、抄經、念佛、禪修時間外，專題課程有：

慧開法師，〈四諦法門：人間佛教的修行基礎〉

永本法師，〈出離心的智慧〉

心定和尚，〈學佛三種發心〉

慧敦法師，〈阿含經：四念處〉

妙日法師，〈人生八大不可不知的事〉（註三）

今年的主題是「出離心」，就是出離一切執著煩惱，不再執著於過去一切事物。過去對你很重要的事，現在你不覺得重要，過去容易激怒你的某事，

現在你不在乎。從這個意義上說，你必須出離所有的事物，才能獲得徹底的自由和快樂。信義、俊歌二位師兄，對此不光有所領悟，也是有所得的，才活得自由且快樂。

參、二〇一二年全國教師佛學夏令營概況

每年參加這個夏令營，除了信義、俊歌和筆者三人，台北教師分會也有許多師兄師姐參加，全部有數百人，大約七成以上是女生。今年我邀一位老長官同行，他是我民國七十七年在八軍團當砲兵營長時的指揮官，四三砲指部涂安都將軍。我知他一心向佛，仍邀他同行，他欣然同意，和我們在佛光山度過四天修行生活，他要我們叫他師兄就好，不要再「報告指揮官」！

今年夏令營時間在八月十四到十七日。除早晚課、菩薩行經驗分享、家族時間、佛陀紀念館巡禮、出坡等。重要專題課程有：

慧開法師，〈菩薩道的人間關懷〉

永本法師，〈發菩提心的意義〉

依空法師，〈華嚴經的十地思想〉

慧昭法師，〈從心經到金剛經的菩薩道〉

心定和尚，〈菩提心要〉

覺培法師，〈從四聖諦到四弘誓願〉（註四）

今年的主題是菩提心。「菩提」譯成中文是「覺」，就是成佛之心。這種心有七大特色（原則）：㈠慈悲為本、㈡方便為門、㈢非一時情緒，在生活中奉行、㈣不放棄一個眾生、㈤不輕視小善、㈥佛道為依怙、㈦以真理為法侶。

肆、二〇一三年全國教師佛學夏令營概況

今年的研習結束後，信義師兄寫了六篇研習感想，放在他第一本出版著作中。（註五）他上課作筆記，下課寫報告，回家寫研習心得，學習精神可佩啊！

今年時間排在八月十三到十六日。除早晚課、分組報告、禪淨共修體驗、座談、出坡、聯誼交流等。重要專題課程有：

心保和尚，〈人間佛教法要：發心與發展〉

慧開法師，〈人間佛教法要：自覺與行佛〉
慧僧法師，〈人間佛教法要：尊重與包容〉
慧昭法師，〈人間佛教法要：自然與生命〉
覺培法師，〈人間佛教法要：公是與公非〉
慈容法師，〈人間佛教法要：幸福與安樂〉（註六）

佛光山過堂（三餐）是個「奇景」，上千人吃飯的大餐廳，井然有序，寂靜無聲。過堂即修行，念食存五觀，「計功多少，量彼來處。忖己德行，全缺應供。防心離過，貪等為宗。正事良藥，為療形枯。為成道故，應受此時。」早午餐唱「供養咒」後用餐，唱「結齋偈」後，依序離席。

藥石（藥食，即晚餐），糾察師父（類似部隊的值星官）喊「請」，合掌稱念佛光四句偈：「慈悲喜捨遍法界，惜福結緣利人天，禪淨戒行平等忍，慚愧感恩大願心。」開始用餐，食畢，自行離席。

伍、二〇一四年全國教師佛學夏令營概況

今年除我師兄弟三人、教師分會師兄師姐，筆者另邀大師兄涂安都、出

版家彭正雄、老同事陳梅燕、關麗蘇、楊長基共八人完成報到。後大師兄和楊長基，因另有別事未能參加。

今年時間在八月一日到五日。除早晚課、禪淨體驗、出坡、座談會、問題討論外，專題課程講座如下：

慧開法師，〈人間佛教的戒定慧三學〉

永本法師，〈人間佛教的道德規範〉

永中法師，〈身心清淨的力量〉

慧倫法師，〈禪定與生活〉

慧昭法師，〈《六祖壇經》的智慧真言〉

鄭石岩教授，〈在家三學之實踐〉（註七）

第三天晚上，星雲大師來開示，談到他「人生三百歲」，因為他從來都是一人做五人事，等於人生活了三百多歲。此次研習後，信義師兄寫了〈相見歡於佛光山〉三篇，收入他的第二本著作。（註八）高興的是，可以見到「一年見一次」的朋友，又可以認識新朋友，不亦樂乎！

陸、二〇一五年全國教師佛學夏令營概況

今年時間在七月十三到十七日，地點改在三峽金光明寺。除早晚課、小組討論、禪淨共修、靜坐參禪、禪茶一味、出坡、座談會等。重要專題課程講座有：

覺多法師，〈談禪，禪宗法脈〉

依空法師，〈禪與現代人的生活〉

永藏法師，〈淨土思想與現代生活〉

慧開法師，〈生命昇華的世界〉

鄭石岩教授，〈禪淨雙修的要義〉（註九）

第一天開營，星雲大師親自來主持，他說太忙有十一年沒來金光明寺了。他講到希拉蕊說中國人沒有信仰，這是她不了解中國文化，中國人敬天祭祖就是宗教，就是信仰，我們中國儒釋道，都是中國人的宗教信仰，西方人幾百年來都不了解我們中國文化。

研習結束後，信義師兄寫了七篇心得散文，收在他的著作中。（註十）談到「善終」，引慧開法師課堂所說自勉，如果你希望善終瀟灑走一回，千萬不要拖過人生的賞味期，千萬不要變成生命的延畢期，要保留精神與體力，作為往生之用……永續經營來生。確實來生是要經營的，我們才在修行。

柒、二〇一六年全國教師佛學夏令營概況

今年時間排在七月二日到六日。除早晚課、學佛交流道、走訪佛光山、念佛體驗、參觀佛館藝術之美、座談會。重要專題課程如下：

心保和尚，〈人間佛教的根本教義〉

慧印法師，〈佛門禪修體驗〉

永中法師，〈佛教東傳中國後的發展〉

永融法師，〈佛教藝術之美〉

覺培法師，〈人間佛教佛陀本懷〉

鍾茂松檀教師，〈當代人間佛教的發展〉（註十一）

研習完回家後，信義師兄寫了四篇心得散文。收入他的第三本著作。（註十二）文章中寫到有「不同膚色修行者」，是看到有黑人在佛光山出家，是很新鮮乃至新奇的亮點。

來到佛光山，處處聽到阿彌佛陀法號和吉祥問安，人人和藹可親、慈眉善目，讓人感受到溫馨親切、彬彬有禮；人人法喜充滿、和樂融融，整個佛光山有如極樂世界。山下的社會也能如此多好，這是環境的影響嗎？

捌、二〇一七年全國教師生命美學營概況

時間在七月十二日到十六日。除早晚課、開營典禮、生命美學法座會、森呼吸（佛館巡禮）、教學演示、小組討論、座談會。重要專題講座如下：

慈惠法師，〈教育路上熱情伴我行〉

如常法師，〈閱讀佛陀紀念館〉

心保和尚，〈色與空的追尋：金剛經的密碼〉

楊俊鴻博士，〈三面九項：翻轉教學DNA〉

李大華、楊瑞麟、黃振裕，〈親師生三贏達人甘苦談〉

洪蘭教授，〈從大腦科學談團隊合作〉（註十三）

研習回家後，信義師兄寫了兩篇心得感想，收在他的著作中。（註十四）提到他早晚課必參加，誦經禮佛莊嚴殊勝，數百人齊聚大雄寶殿唱誦，釋迦牟尼佛、藥師佛和阿彌陀佛三尊大佛現前，內心油然昇起禮拜，三皈依的佛、法、僧唱誦完，必禮佛跪拜三次，每次都受到感動。

早晚課沒有硬性規定要參加，通常絕大多數會到，筆者也是必定參加。最常誦念的經是《心經》、《佛說阿彌陀經》、《觀世音菩薩普門品》、《大

悲咒》、《父母恩重難報經》；《供養咒》和《結齋偈》，每日過堂都要唱誦。其他如〈爐香讚〉、〈讚佛偈〉、〈三皈依文〉、〈回向偈〉、〈開經偈〉等，過程中也配合唱誦。

學員通常人手一本經文，只要跟隨師父們唱誦，通常可以跟上，或知道誦念到何處。只有《大悲咒》，雖已唱誦幾十回，從來都沒跟上，很快就跟了，真是沒慧根。有些學員竟可以全部背誦，真是了不起！

註釋

註一　陳福成，《幻夢花開一江山》（台北：文史哲出版社，二〇〇八年三月），頁七四—七五。

註二　詳見二〇一〇年，佛光山全國教師佛學夏令營學習手冊《增上心》。

註三　詳見二〇一一年，佛光山全國教師佛學夏令營研習手冊《出離心》。

註四　詳見二〇一二年，佛光山全國教師佛學夏令營研習手冊《菩提心》。

註五　吳信義，《所見所聞所思所感—健群小品》（台北：文史哲出版社，二〇一四年九月），頁一九三—二〇二。

註六　詳見二〇一三年，佛光山全國教師佛學夏令營研習手冊，《人間佛教法要》。

註　七　詳見二〇一四年，佛光山全國教師佛學夏令營研習手冊，《人間佛教的戒定慧》。

註　八　吳信義，《芝山雅舍—健群小品》（台北：文史哲出版社，二〇一六年七月），頁四八—五三。

註　九　詳見二〇一五年，佛光山全國教師佛學夏令營研習手冊，《禪學與淨土》。

註　十　同註八，頁二一三—二二九。

註十一　詳見二〇一六年，佛光山全國教師佛學夏令營研習手冊，《人間佛教佛陀本懷》。

註十二　吳信義，《健群小品》（第三集）（台北：文史哲出版社，二〇一八年三月），頁三八—四二。

註十三　詳見二〇一七年，佛光山全國教師美學營學員手冊，《共創教育新活力》。

註十四　同註十二，頁二一六—二一七。

第十章　山西芮城劉焦智因緣永懷念

宇宙間萬事萬物，人世間一切關係（人事時地物），都離不開緣起法，因緣和因果之因緣法。這是二千多年前，釋迦牟尼佛在菩提樹下、明月當空時，所悟道的第一個真理。

緣起法，緣起性空，當然就是我等佛門弟子心中認同的「鐵律」。吳信義六本著作一千多篇文章，至少有數百篇直接或間接談到因緣因果。其實因緣因果不是什麼複雜的東西，就是一種「自然法」，例如因為沒吃飯所以肚子餓，不用功考不上大學，個性不好毀了自己前途，壞習慣越多對自己害處越大。凡此，都是由於因緣，也是因果關係，一切萬事必有因。

山西芮城有一個我們共同的朋友，名叫劉焦智，不論對吳信義或吾等，都是一段難得的因緣，是生命中一個亮點，永難忘懷的情緣。雖然時間不長，相處也不多，但值得我們列入「史記」，永遠懷念。

壹、緣起一本書：《山西芮城劉焦智《鳳梅人》報研究》（註一）

大約在二〇〇八和二〇〇九間，我從前輩詩人文曉村和秦岳的介紹，得到一份山西芮城劉焦智先生辦的報紙，《鳳梅人》報。劉先生開一家五金行，他的兄弟是芮城「西建集團董事長」，也是該縣委員代表，有能力可以支持《鳳梅人》報發行。該報只送不賣，純私人辦報，以宣揚中華文化為宗旨，把報紙免費寄到全世界任何地方、任何人。我有幸得以長期受贈，欣賞許多中華文化好文章，包含許多台灣詩人作品。

筆者閱讀頗長時間的《鳳梅人》報紙，深受感動。因為劉焦智不過是一個開五金店的小老闆，大約就是高中職讀過而已，但他不僅是個大作家，也是詩人，寫了大量的作品。他對我們中國傳統經典等，如四書五經、十三經等也有深入理解。更讓我敬佩的是，他以「復興中華文化為己任」，比我們生長在台灣從學生時代，就讀《中國文化基教材》的人，高明許多，也更有使命感。

像劉焦智這樣小人物而勇於幹大事業的人，正是吸引我研究的對象。因此，二〇一〇年四月，我由台北的文史哲出版社，出版了我的研究成果，《山西芮城劉焦智《鳳梅人》報研究》一書。出版了人家的研究專書，當然會寄贈一些給劉焦智，（至此我仍未見過其人，也沒有打過一通電話，也就是還不認識。）

劉先生收到書感到很驚訝，因為《鳳梅人》報的「志工事業」，已做了好多年，各地也有「粉絲」。但未有如筆者，以他和所辦報紙為研究對象，寫了專書出版，這無異對他所做所為，是極大的鼓舞。

於是劉先生來信，誠懇邀請筆者到芮城參訪旅遊，他要當導遊，帶我參訪山西省境內五千年中華文明文化，最有代表性的景點，這太吸引我了。但我想到，一人獨行多寂寞，何不邀最好的師兄弟三人同行，熱鬧又不亦樂乎！二位師兄特愛祖國行！

貳、《在「鳳梅人」小橋上：中國山西芮城三人行》（註二）

經過幾個月的連繫、安排，二〇一〇年底，大家終於從「日理萬機」中，信義、俊歌、筆者和劉焦智先生，空出九天的時間。師兄弟三人有了終身難忘的山西芮城行，簡記九天行程如下。

第一天：二〇一〇年十月廿九日，星期五，出發。下午一點多飛機，五點十五分降落西安機場，劉焦智率迎接團迎接。有專車開向芮城，晚上八時過黃河鐵橋，九時在陽城晚餐，十點住進芮城麗酒店。

第二天：二〇一〇年十月三十日，星期六。早餐後，參觀劉焦智的兩個弟弟，智強和智民，所經營的「西建集團有限公司」，旗下有四個子公司和一所中學，員工三千多人。之後參觀永樂宮，下午到黃河岸、大禹渡，晚上享用黃河鯉魚宴。

第三天：二〇一〇年十月三十一日，星期日。上午在芮城縣政府參加「兩岸文化交流會」，見到台辦主任吉自峰、文化人張亦農、宣傳部長余妙珍、記者張西燕。下午到晚上，與焦智兄弟飲茶、逛大街。

第四天：二〇一〇年十一月一日，星期一。上午從芮城出發，到解州參觀火神廟、關帝廟，中午到關公（關羽）故居常平村。下午到運城參拜舜帝陵，晚上在焦智店裡享用豐盛家宴。

第五天：二〇一〇年十一月二日，星期二。上午從芮城沿高速公路到臨汾，中午到洪洞縣城參觀蘇三監獄，下午到洪洞大槐樹尋根之旅。

第六天：二〇一〇年十一月三日，星期三。上午到呂洞賓的芮城故居，再到歷山村看大舜耕田故事，中午到風陵渡。下午到西侯度，古人類遺址，也是西伯侯姬昌母親落難處，黃昏回到朱陽村看劉家古宅。晚上兄弟三人醉臥芮城，縣府為我等餞行。

第七天：二〇一〇年十一月四日，星期四。從芮城出發，經三門峽、洛陽，參觀少林寺，下午三點到鄭州。晚上逛夜市，在高鐵站旁紅珊瑚酒店過夜。

第八天：二〇一〇年十一月五日，星期五。上午九時半鄭州坐「和諧號」高鐵，中午就到西安，下午到晚上參觀兵馬俑、逛西安古城。

第九天：二〇一〇年十一月六日，星期六。上午十點多飛機從西安機場起飛，經香港，五時多就到中正機場。一到機場，電視正在播報「陳水扁家族洗錢案」。

回到台灣後，經過幾個月的快寫整理，把九天行程所見所思完整記錄下來。二〇一一年四月，《在「鳳梅人」小橋上：中國山西芮城三人行》一書，由台北的文史哲出版社出版，這是生命中的重要因緣，不能「船過水無痕」，必須留下行腳記錄。留下「鐵證如山」的祖國行證據，典藏在圖書館數百年，來生或下下生再來，還能再翻閱看看前世之行旅。

參、《金秋六人行：鄭州山西之旅》（註三）

二〇一一年春夏之際，鄭州大學樊洛平教授（華文所所長），邀著名詩人台客（廖振卿）年底去訪問，而芮城劉焦智也再度邀我師兄弟三人往訪。我和台客商議把兩個參訪合在一起辦，另加信義夫人李舜玉女士、政戰十四期江奎章。經各方連繫安排，時間今年（二〇一一）九月九日到二十日，共計十二天，先到鄭州大學，再到芮城，這是「金秋六人行」。

此行先到鄭州大學參訪，也參觀河南博物院。後到芮城，二度參訪永樂宮，最遠到五台山，中間在平遙古城過一夜（正好中秋夜）。回台前還意外去了喬家大院，接受陳定中將軍妹妹的熱情招待。

行前大家商議寫些心得感想，回來出版紀念集。十二天的參訪，也結識很多詩人、作家、藝術家，他們也有近二十人提供作品。我編成八卷，於二〇一二年三月，由台北文史哲出版社，出版《金秋六人行：鄭州山西之旅》，簡述八卷內容如下：

卷一：台客鄭州山西行，詩文兩岸展深情：有兩篇雜記和十六首詩，如〈永樂宮的壁畫〉、〈在風陵古渡口〉、〈過中條山有感〉、〈走入平遙古城〉、〈大禹渡〉、〈在關王故里〉、〈西侯度村懷古〉、〈遊五台山〉。

卷二：江奎章金秋神州行，華陽居士人相解密：華陽居士江奎章寫了八篇遊記，但他著名的是相命風水，女生最愛看相，不管走到哪裡，都有女生找他算命。

卷三：吳信義因緣具足神州行，博學多識廣見聞：師兄寫了七篇遊記散文，〈因緣都是這樣來的〉有三封他和劉焦智往來的信。

卷四：陳福成兩岸統合春秋業，生生世世不忘的使命：筆者用廿五首現代詩表達，如〈孟彩虹的詩藝晚宴〉、〈中秋，在山之西〉、〈平遙古城〉、〈禪坐五台山〉、〈再訪西侯度人〉、〈再謁關帝祖廟〉、〈給劉焦智〉、〈我們〉等。

卷五：風雨難阻根祖情，芮城忠義來相助：芮城朋友黨忠義、薛小琴和筆者散文作品。

卷六：書法之都在芮城，丹青不朽情永恆：芮城藝術家、書法家作品，如張維、寧新卯、楊雲、范世平、劉福升、張紀平、張懷亮、吉文彬、劉有光、魏世平。

卷七：兩岸原是一家人，詩文芳香播九州：主要是鄭州、芮城作家詩文作品，有：楊天太、劉有光、楊雲、張維、范宏斌、范世平、馮福祿、黨忠義、謝廷璧、管喻、李孟綱、孟彩虹、劉焦智，少數俊歌和筆者作品。

卷八：縱橫解讀劉焦智，天職天責與天命：劉焦智和秋果文章。本書末附有台客、李舜玉、吳信義、江奎章、俊歌和陳福成（筆者）小檔案，全書近五百頁，這是我們偉大的祖國行腳。

二〇一六年元月，劉焦智的弟弟智強兄帶團來台旅遊，住在萬里仙境溫泉會館。信義、台客、俊歌和筆者晚上趕往會面，贈送小禮物，信義有一篇文章〈有朋來自芮城〉（註四），記錄這溫馨的片刻。

二〇二〇年十月，信義又有一篇〈憶山西參訪〉（註五），形容兩次芮城因緣「就像釀酒，可以愈陳愈香」。此情此景可待美美追憶，更是今生今世行腳之亮點，怎能不在回憶錄中，大大記下一筆？

註釋

註一　陳福成，《山西芮城劉焦智《鳳梅人》報研究》（台北：文史哲出版社，二〇一〇年四月）。

註二　陳福成，《在「鳳梅人」小橋上：中國山西芮城三人行》（台北：文史哲出版社，二〇一一年四月）。

註三　陳福成編著，《金秋六人行：鄭州山西之旅》（台北：文史哲出版社，二〇一二年三月）。

註四　吳信義，《芝山雅舍—健群小品》（台北：文史哲出版社，二〇一六年七月），頁三〇一。

註五　吳信義，《歲月留痕—健群小品》（第五集）（台北：文史哲出版社，二〇二一年五月），頁二七四—二七五。

第十一章 經營與帶領全統會

「全統會」，全名是「中國全民民主統一會」，是由前國大代表滕傑先生，於民國七十九年元月廿一日，在台北國軍英雄館成立，並依法通過《中國全民民主統一會會章》，以追求統一為宗旨。滕傑任第一屆會長，之後有陶滌亞、王化榛都擔任多年會，帶領全統會參加許多統派活動，及多次大陸重要參訪。

吳信義是二〇〇一年（民國九十年），接任全統會秘書長，二〇一六年（民國一〇五年）接任全統會第八屆會長。不論他當秘書長或會長，都是全力以赴在經營、帶領全統會。以下分述各項，簡要回顧全統會的春秋大業。

壹、全統會的島內任務活動

從「滕傑時期」、「陶滌亞時期」到「王化榛時期」，全統會在島內的任務活動，一言以蔽之，曰「反獨促統」，這是全統會的宗旨。到了「吳信義時期」，當然也是堅定全統會的路線。

二〇一六年四月一日，他接任第八屆會長致詞說：「執政者始終懷抱台獨迷夢，拒不承認「九二共識」，悍然不顧台灣二千三百萬同胞的前途安危，妄圖牽引日寇餘孽及帝國主義者力量，抗衡正在和平崛起中的祖國大陸，甚至妄想敲碎中華民族復興的「中國夢」！是可忍，孰不可忍？「寧共勿獨」是滕先生當年創辦本會所定的奮鬥路線，今天我們只要更篤定遵循這條路線努力下去，必定成功、勝利！」（註一）放眼當前中美實力消長，美帝已然衰落，我們中國國力成長，勢不可阻擋，統一之路不遠了，這是吾等中國人最大的願望。

全統會參與島內統派活動，無役不與。二〇一四年四月廿一日，舉行「中華民族和平統一政治團體聯合會」，全統會王會長以下，全體動員參加。（註二）吳信義秘書長更是帶領衝前頭。

二〇一七年春，吳信義應邀參加新同盟會春節團拜，位子被安排在主桌，他要求承辦人換桌。承辦人說會長代表全統會，位子就在主桌，於是他有幸與許老爹（老校長）等五位上將同席，新黨郁慕明主席、新同盟會陳志奇會長比鄰而坐。（註三）

二〇一八年五月，吳信義擔任「中華民族和平統一政治團體聯合會」會議輪值主席，他在會議上報告，「為了中華民族後代子孫幸福，我們責無旁貸要共同戮力維護，台灣沒有獨立條件，只有追求兩岸早日和平統一才有希望。」（註四）我等慈悲，不忍台獨偽政權把台灣搞成第二個烏克蘭，使戰火毀了一切。

吳信義和許老爹有師生情誼，當年在政戰學校當校長，有機會聆聽他兩年多教誨。老校長百歲在國軍英雄館的壽宴，新同盟會邀各政治團體領導人參加，吳信義以全統會會長應邀，幸與老校長同桌合影。（註五）大家聆聽許老爹期待兩岸和平統一之殷切，都感同身受，爆以熱烈的掌聲。

貳、全統會大陸參訪交流

自全統會於民國七十九年成立以來，已歷三十三年，此期間歷屆會長率

附　錄

序詩：頌，中國全民民主統一會

頌！中國全民民主統一會
滕傑、陶滌亞、王化榛、吳信義
你們開天闢地，守護家園
你們上承三皇五帝、秦皇漢武、李杜三蘇
把中華文化傳揚
把兩岸同胞融合

滕傑、陶滌亞
先賢先烈，全身烈焰
從戰火中走來
河山
所有的空間滿是彈孔
所有的時間都是砲擊
邪魔勾結倭寇
白骨堆成的河山
長江黃河怒，水都沸騰
怒江亦怒

怒氣未消之際
已被一個大時代的怒濤巨浪
沖向南蠻孤島

休息是為了走更遠的路
休兵是為了再壯大
整軍經略是為了收拾舊山河
誰知道時間也會殺人
殺死了偉大的領袖
殺死了領袖的兒子
群龍無首，歪道橫行
滕傑、陶滌亞先後起而奮戰
以「中國全民民主統一會」之名
發出一道合乎吾國吾族吾祖思維
神咒旨令
「寧共勿獨」
有效時間：千秋萬世
負責執行：中華兒女，子子孫孫

滕傑、陶滌亞
你們現在是中國人的精神典範
吾取五嶽之土
雕塑你們的超凡神像
只是我們不要把你倆神格化
因為我怕、怕
我們酒喝多了，太高興了

忘了使命，失了勇氣
你倆得冷峻地看著人間
盯著我們所有會員
只有冷峻、理性的民族精神
就算你倆心中充滿愛
也只能公事公辦
救國家、救民族
讓廿一世紀成為中國人的世紀
寧共勿獨啊！

王化榛、吳信義
前領導和現領導
都是我們的老大哥
你帶著我們、我們追隨你們
找尋未來的中國夢
在這夢境
我們不想去玩誰、攻打誰
我們玩玩平等的遊戲
向人展示
西塘明月、烏鎮漁火、周庄幻境、婺源秋色
西湖斷橋、宏村桃源，以及神州四極風光
找尋這個夢很難嗎？
是有點難

這個夢，我們找了五千年
高興過、失望過、迷茫過

但從來沒有放棄過
有時候，好像要圓夢了
又分開
不久似又合而為一
來一陣魔界黑風
又吹散了
這些年來，王會長、吳會長
帶著大家努力追夢
寧共勿獨

中國夢
也是中國全民民主統一會的夢
我們共同在做
這不是白日夢
睜開眼、人清醒，你所看到的世界
全球中國化
都是一步步接近夢想成真的喜悅

頌——
中國全民民主統一會
頌——
滕傑、陶滌亞、王化榛、吳信義
大法傳承
在南蠻亂邦
在越來越黑暗的地方
我們點起一盞光明燈

絕不要讓黑暗佔領所有地盤
點燃一盞燈
也可以北望中原
可以實現中國夢的地方
必然也是一片光明
照亮全球

再頌——
中國全民民主統一會
因為你的愛
愛炎黃的血緣從你的先祖傳到你
你的體內流著炎黃的血緣
因為你的愛
愛中華文化，愛先祖住的神州大地
我們的土地、我們的文化
我們的子民、生生世世子孫
快樂生活的天地
我們怎能不愛？
中國全民民主統一會，頌！

註　釋

註一　吳信義，〈寧共毋獨：我與全統會的因緣〉一文，詳見二〇一七年九月編印，《中國全民民主統一會》簡介手冊。

註二　吳信義，《所見所聞所思所感──健群小品》（台北：文史哲出版社，二〇一四年九月），頁三三五─三三六。

註三　吳信義，《健群小品》（第三集）（台北：文史哲出版社，二〇一八年三月），頁一四四──一四五。

註四　吳信義，《歲月行腳──健群小品》（第四集）（台北：文史哲出版社，二〇二〇年元月），頁九四─九五。

註五　吳信義，《行腳留痕──健群小品》（第六集）（台北：文史哲出版社，二〇二三年五月），頁二二五──二二六。

註六　陳福成，《中國全民民主統一會北京天津行》（台北：文史哲出版社，二〇一四年七月）。

註七　陳福成著編，《廣西參訪遊記》（台北：文史哲出版社，二〇一七年十月）。

註八　陳福成著編，《北京天津廊坊參訪紀實》（台北：文史哲出版社，二

○一九年十二月）。

註九　吳信義，《行腳留痕——健群小品》（第六集）（台北：文史哲出版社，二○二三年五月），頁七四—七五。

註十　吳信義，《歲月留痕——健群小品》（第五集）（台北：文史哲出版社，二○二一年五月），頁二二九。

第十二章　無心插柳九年出版六本日記體書

信義師兄在〈作家達人〉一文，寫到筆者當年因出版《決戰閏八月》和《防衛大台灣》二書，一時「轟動武林、驚動萬教」，升了上校的神奇故事。該文還說，「我小品文出版，承蒙他的啟蒙鼓勵，他是我出書的貴人。」（註一）其實他比筆者更早、更成功的，就是一位早已獲得「認證」的作家。

我這樣說是有證據的（筆者一向按證據說話，幾分證據說幾分話，回憶錄更是貴在一個「真」字。）

證據一：吳君在〈我寫隨筆有感的因緣〉一文，有一段話：「憶民國六十二年調回母校復興崗服務，因擔任隊職，有較多的時間，曾提筆寫了小品文，前後在中央日報副刊投稿七篇，僥倖刊登四篇，倍增我對寫作的信心，民國六十三年到六十四年還應邀參加中副作家聯誼會。」（註二）六十四年婚後，公私兩忙，無心寫作。

文壇上都知道，在民國七十、六〇年代前，中央日報副刊是很難上榜的，必須要名家或水準很好的作品，才能在中副刊出。所以，在那個年代，中副就是名作家的「認證」，誰要在中副發表幾篇作品，等同取得名作家的「身份證」，這是確定、無疑的。

證據二：吳信義高中畢業，進復興崗開始寫日記，持續三十多年，現在他仍保存洋洋灑灑三十多本日記。眾皆知，對有長年寫日記好習慣的人（如信義、筆者），每一篇日記就是一篇小品文，三十幾本日記，就是三十幾本「未出版的書」。

證據三：民國七十七年吳信義的岳父李仰韓先生，出版《憶往點滴》一書，就是李莎編，吳信義校對。（註三）這是一種環境影響，也許有或也許沒有，但不能說完全沒有，對吳信義的作家之路肯定是有影響。

筆者一路研究信義師兄，從他讀大內鄉二溪國小開始，到現在快八十個年頭了。他始終就是一個不忘初心、始終如一，有恒心、有決心的人。大約二〇一一年底，他說要開始寫作，兩年出版一本，他說無心插柳，九年竟出版了六本日記體小品文。以下簡單介紹這六本書。

壹、《所見所聞所思所感——健群小品》

二〇一四年九月出版，有二百零二篇散文，厚達四百餘頁。書前有十篇序，分別是：全統會會長王化榛、王榮川教授、王漢國、邱麗霞、陳定中將軍（前內政部役政司長）、第二屆十四期同學會長黃錦璋、集郵家楊浩、劉建鷗教授、劇作家蘭觀生。此外，筆者當然也提供一篇〈為信義學長出版第一本書喝彩〉

吳信義在自序中說，開始時每週寫一篇，後覺每週一篇要四年才能有二百篇，後來加快每週兩到三篇。其實寫作只是一種習慣，養成習慣後，任何時間提筆都能完成一篇小品文。

貳、《芝山雅舍——健群小品》

二〇一六年七月出版，有二百篇小品文，厚近四百頁。書前寫序有：吳瓊恩博士、董延齡中醫師、詩人台客（廖振卿）、十四期第七屆同學會長蔡勝隆、淨名文化中心勞政武博士。

作者在〈自序〉說：「寫作是我的興趣之一，這與寫日記習慣有關，前後使用年鑑日記有三十多年。民國六十三、六十四年曾是中副作者，婚後家庭與工作兩忙，未曾提筆，此心願到退休後始如願。」就再度確認，前面所述他早就已經是個作家的證據。

在書的〈後記〉短文，作者強調喜歡寫有感文章，言之有物。不寫政論性或批判性文章，寫散文小品是雅文分享，見仁見智，沒有對錯。（正合他的三觀哲學，見第四篇）他期許自己能持續寫作，是退休後自我學習的自勉。筆者常向身旁的老友說，只要每天能把心靜下來，「坐家」兩小時，就一定可以成為「作家」，讀者諸君有心寫點自己的東西，可以試試。

參、《健群小品》（第三集）

二〇一八年三月出版，越來越快了。有二百篇小品文，厚達三百多頁。書前提序有：台大退聯會理事長吳元俊（俊歌）、十四期藝術系畫家邢萬齡、東興文教基金會董事長陳淑貞、社大心靈哲學班班長嵇佩英、文史哲出版社發行人彭正雄（也是小金門619砲戰英雄）。本書封面正是牡丹大師邢萬齡的作品。

作者在〈自序〉文說，堅持以小品文記錄生活所感，讓七十歲以後的人生多彩而不留白。年輕時的夢想，於暮年實現，只要身心靈健康會堅持寫下去，在中斷寫日記後，填補生活回憶，畢竟這是「吳信義的歲月留痕」。

在二〇一七年最後一天，第二百篇的〈歲末有感〉一文，他祈福眾生喜樂，並每天以堅持八事自勉：微笑、適應、理解、包容、欣賞、謙讓、善良、感恩。如是，使自己運氣越來越好。

肆、《歲月行腳——健群小品》（第四集）

二〇二〇年元月出版，二百篇小品文，厚近三百頁。書前提序有：維提藝文學會會長、全統會首席顧問李增邦（興邦）、政戰十四期同學會第九屆會長洪陸訓。美美的封面，是名畫家李沃源大師提供的作品，給讀者增加一份視覺享受。

作者在〈自序〉中說，小品文都是內心肺腑之言，以積極、樂觀、慈悲、善念之正能量，提供短文雅賞，是一股小清流激勵人心。希望微薄心願能傳播，作者的心情寫實，如能成為您床頭書及精神糧食，作者吳信義當感到無限榮幸。

在第二百篇〈出書的心語〉，他說因紙本書式微，所以他出書只送不賣，分贈親朋好友分享，沒有銷售的壓力。據我所知，文史哲出版社仍有賣出，也有圖書館訂購，可見好書仍有市場。此外，由於前幾本的傳播，目前吳信義也有大量粉絲群。

伍、《歲月留痕—健群小品》（第五集）

二〇二一年五月出版，有二百五十篇小品文，厚達三百多頁，距離第四集出版只有一年四個月。書前提序有：政戰十四期第十屆同學會長游昭仁、台灣航業股份有限公司事業關係室主任樊長松。作者在〈自序〉中，感謝中西合體創作大師、復興崗八期（51 年班）大畫家周榮源學長，賜山水畫一幅作為書的封面。大師是以書名作畫，使得兩者相得益彰。

陸、《行腳留痕—健群小品》（第六集）

今（二〇二三）年五月出版，有二百三十篇小品文，厚達三百頁。作者在〈自序〉中說，今年不敢勞動長者寫序，感謝好同學清民兄賜畫，封面封底兩張工筆畫，這位張清民也是政戰十四期藝術系，該期大師級人才真多。

第二百三十篇〈人生十悟〉，這應該是吳信義數十年來親身的生活實踐經驗，加上虛心學習所得之領。其中充滿著佛法智慧，簡記其要如下：

第一悟：聚散不由人，得失天註定，一切隨緣。

第二悟：煩惱天天有，不撿自然無，凡事看淡沒煩惱。

第三悟：生死都不是自己能決定，就享受過程吧！

第四悟：健康活著是福氣，平安終老就是成功。

第五悟：愛佔便宜的人終會吃虧，吃虧者終會受益。

第六悟：人品永遠大於能力，良心永遠貴過黃金。

第七悟：沉默是一種成熟，不爭是大度修行。

第八悟：所有的相遇都有前因，好好善待必有善果。

第九悟：知足則無愁，簡單才快樂，放下就輕鬆。

第十悟：人生僅一回，還活著就是贏家。

以上六本著作，共有一千二百八十二篇小品文。第一集出版時間是二〇一四年九月，第六集出版時間是二〇二三年五月，約九年間出版六本書，其恒心決心可感！

吳信義寫作中也獲得許多樂趣和智慧，〈享受孤獨〉一文說每天獨自健走「啟發靈感，每週兩至三篇小品，能捕捉生活所感，要歸獨處之功。」（註四）西洋哲學家沙特說：「笨蛋！一般人只是寂寞，思想家、哲學家才配享受孤獨。」尊敬的讀者們，請問：你是寂寞，還是孤獨？

註釋

註一　吳信義，《行腳留痕—健群小品》（第六集）（台北：文史哲出版社，二〇二三年五月），頁一一六—一一七。

註二　吳信義，《所見所聞所思所感—健群小品》（台北：文史哲出版社，二〇一四年九月），頁三四八—三四九。

註三　李仰韓著、李莎編，《憶往點滴》（台北：自印，一九八八年五月）。

註四　吳信義，《芝山雅舍—健群小品》（台北：文史哲出版社，二〇一六年七月），頁三二二—三二三。

第四篇　三觀哲學與處世態度初探

第十三章　老二哲學　中庸人生
第十四章　正面思考　心想事成
第十五章　佛法體認　福慧雙修
第十六章　終身學習　樂活當下
第十七章　事無絕對，時空改變價值
第十八章　善待自己做「快樂新老人」
第十九章　宇宙人生都無常，能善終就是福報

第十三章　老二哲學　中庸人生

吳君的「老二哲學，中庸人生」觀，最早應該是受到經國先生的影響，他在多篇文章提過，例如〈老二哲學〉一文。（註一）該文提到研讀經國先生言論集《復興崗講詞》，印象深刻是他常謙虛說：「走路莫走前頭，照相莫坐中間，宴會莫坐上席。」這正示意凡事不要強出頭，中庸就好。

信義還回憶提到，初入伍三個月結訓時，排長陳伯鏗中尉（後任政戰學校教授），向全排說了一段話給吳信義深刻印象，成為日後身體力行的座右銘。陳排長說入伍期間，認識表現最好和最差的少數同學，表現平庸的同學並沒有什麼印象，但在團體中是最好的。排長的意思是表現中庸為最佳，這種思維成了吳信義日後做人處事上的信念，並以此自勉。

吳君回憶往昔，他有不少機會可以拿「第一名」，都自願放棄。民國七十二年任訓導處科長時，一年積滿四大功，處長王熊飛要呈報「全校年度保舉最優人」，吳信義放棄，他很清楚，保舉最優很快會外放野戰部隊。許老爹要安排他下部隊當師主任，他也推辭了。

有一回，吳信義和吳瓊恩教授電話聊誤，吳教授提到南懷謹大師生前送他一語，「世事正須高著眼，宦情不厭太低頭」。（註二）吳信義欣賞此語，正合他「生活中要做到低調的老二哲學」，他深深體會到滿招損、謙受益，會是生活中、生命中，最大的收穫。

吳信義能在母校服務二十多年，過了二十幾年安定的生活，每年都有機會被徵詢或令調，他形容總在有驚無險中安全過關。直到民國八十二年轉任軍訓教官時，鄧校長問：「為什麼可以在學校服務這麼久？」他回答說：因為工作表現都在中庸，不是最出色，也不是最差，每次外調案，總是優先檢討表現最好和最差的幹部。校長說：「很有道理」。（註三）選擇留在學校服務，也是各有利弊，他了然於心。

吳信義觀察自然界其他生物，也證明中庸之道才是最佳生存法則。例如太早冒出的竹筍，大清早就被農人割除，如果等太陽出來，農人離去再冒去，就有機會成長成一株竹子，太早冒出的竹筍，永遠長不成竹子。（註四）由此而反觀人類社會，那些在各種班次都要搶前三名的人，總是因太突出，容易遭嫉，如同太早冒出的竹筍，一不小心就被「割除」。

中國人行事待人總以中庸之道相期勉，有其大道理。反觀那些凡事強出頭，往往遭來禍害，歷史上多少爭名爭利、爭寵爭愛的史例，小者身敗名裂，大者失去生命，甚至禍及宗族，不可不慎！

吳信義的「老二哲學、中庸人生」，不光從自身所處環境觀察，進行利弊檢驗，他也從大社會、大歷史做檢證。他的〈勞碌命苦命〉一文，可以說是他歷史和人生實踐經驗的總結。（註五）老二哲學、中庸之道，可使人免於成為「勞碌命」和「苦命」者。

所謂勞碌命者，一生為事業、為工作馬不停蹄忙著，直到終老為止，他們基於使命感、責任感，必須堅守志業。例如家族大企業家王永慶、張榮發等；又如政治領域蔣公中正、經國先生等，都是鞠躬盡瘁，死而後已。凡此，終其一生無休無止，活到老幹到老，甚至幹到最後一口氣者，都是勞碌命者。

所謂苦命者，一天不工作、不上班，則三餐不繼，如賣勞力者、打零工者。又如拾荒老人，或年歲很大仍為生計奔忙，都是典型的苦命之人。

再放眼看社會各行各業，名醫從早看診到晚，三餐不正常，賺錢很多而失去健康；或如補習班名師，從早上課到晚，或許多人為生意天天喝酒應酬。

凡此，也都是勞碌命的代表。

所以吳信義認為，最好的人生不是勞碌命者，也不是苦命者，而是介於兩者之間的中庸人生，不要凡事衝前，當老二或老三才是最好。信義師兄請大家思考，你認知價值的人生為何！

當然，「老二哲學、中庸人生」，通常也和個性（基因）有關，他在〈做快樂自己〉一文，談到自己個性開朗，凡事不爭的個性。（註六）「A型的我，豁達、隨緣自在，說真的。在職時就不與人爭名、爭利，對得失看得很淡，退休後更不計較得失，所以沒有煩惱。」他看到有的人凡事要爭勝爭贏，因而好辯好強，失去友誼而不自知。有的是完美主義，終因不能盡如所願而不快樂，都是人生中極大的損失。

吳信義常以許老爹的養生之道勉勵大家，一個字「笑」，兩個字「開心」。凡事不放心上、不計較、要放下、要忘記，做到「事過即忘」，如今（二〇一六年）他已百歲，是大家的榜樣。

本章小結，用吳信義在〈有關健康的好觀念〉一文，與讀者（尤其是信義師兄的粉絲）共勉。（註七）金錢、名利、地位，都是過眼雲煙，不必強求；人可以沒有名利，但要有健康的身體，更要好心情。記住：

你要是心情愉快，健康就會常在；

你要是心情開朗，眼前就會一片明亮；

你要是經常知足，你就會感到幸福；

你要是不計較名利，就會感到一切如意。

回顧吳信義一路走來，凡事不爭、不計較，把握「老二哲學、中庸人生」法則，他過得心安理得，快樂自在。退休後更能享受悠閒自在的幸福人生，老二哲學是許多人做不到的，讀者你呢？

註釋

註一　吳信義，《所見所聞所思所感—健群小品》（台北：文史哲出版社，二〇一四年九月），頁五六—五八。

註二　吳信義，《健群小品》（第三集）（台北：文史哲出版社，二〇一八年三月），頁一四四—一四五。

註三　同註一，頁二七九—二八〇。

註四　同註一，頁三八二—三八三。

註五　吳信義，《芝山雅舍—健群小品》（台北：文史哲出版社，二〇一六年七月），頁三〇五—三〇六。

註六　吳信義，《歲月行腳—健群小品》（第四集）（台北：文史哲出版社，二〇二〇年元月），頁一九八。

註七　同註一，頁三五六—三五九。

第十四章 正面思考 心想事成

人類的思想、情緒、意識、思維，乃至潛意識，極為複雜，地球上現有八十億人口，可以說沒有兩個在這方面是相同的人，是真的「一花一世界、一葉一如來」。可見其複雜性，現代科學仍不了解其中許多秘密。

思想思維雖然複雜，但通常可以化約成正面與負面思考，有的人總是用負面思考，有的人善於用正面思考。吳信義就是善於正面思考的人，在他的人生經歷中，有許多因正面思考而「心想事成」，他的正面思考甚至產生了潛意識力量。分項簡述之。

壹、正面心念與負面心念

相信大家聽過「境隨心轉」，這就表示環境、情境乃至心境，都可以隨心念的轉變而改變。例如不快樂轉變成快樂，固執的人變成不固執，這些都只是人們一顆「心」的轉變，也就是心念的改變。吳信義有一篇〈自勉互勉語〉一文，就是在談這種快樂與不快樂的轉變。（註一）也就是說，快樂和不快樂是「互通」的。

生活中對現實不滿、常發牢騷、口有怨言、愛挑剔、好批評、永不滿足等人，內心常不快樂；只要心念轉一下，凡事感恩、身做好事、口說好話、心存好心，凡事正面思考，就變成一個快樂的人。那些是「正面心」？那些又是「負面心」？吳君列舉：

負面心：憎恨心、傲慢心、冷淡心、憤怒心、暴躁心、奪取心、猜疑心、憂愁心、固執心、偏狹心、恐怖心、利己心、忘恩心、卑視心、悲傷心、不滿心……負面心念易於招來禍害，如生病、貧窮、失常、意外、或諸種不幸，根本使人不快樂。

正面心：愛心、尊敬心、赦免心、和平心、施捨心、信仰心、明朗心、自在心、寬恕心、向前心、無我心、報恩心、虔誠心、歡喜心、感謝心……正面心念易於招來幸福快樂，如健康、安祥，根本使人快樂。

正面心念和負面心念是互通的，吳信義在〈前攝行為〉一文，舉一多年前讀過一則故事為例說明。（註二）前攝行為是遇到困境時，反過來控制局面，而不被局面所控制，也就是佛家常說的「由內心來轉變境界，而不是讓身外的境界影響內心的清淨與智慧。」

一對夫妻婚後生一男孩，小孩兩歲的某日晨，丈夫出門上班時，看到桌上一瓶打開蓋子的藥水，他提醒妻子藥瓶收好，就趕上班去了。妻子在廚房忙忘了丈夫的提醒，男孩好奇把藥水一口喝光了，兩歲娃服藥過量，及時送醫，仍回天乏術。

妻子嚇壞了，不知如何面對丈夫。焦急的丈夫趕到醫院也很傷心，但最終他望了妻子一眼說：「I love you darling.」。看到這則故事的人無不感動，因為責罵已不能改變事實，反而惹出更多「負面事件」。

貳、正面思考發揮潛意識力量

現代醫學早已證實潛意識是一種力量，有的修行者潛意識力量更強大，此已無疑問。現代醫學更證實，人類平時用腦只有少部分，絕大多數潛意識部分尚未開發運用。神奇的是，正面思考有助於潛意識的開發與運用，達成「心想事成」的人生目標。

無疑的，吳信義是善於開發與運用潛意識力量的人，他不斷透過「心想」，堅定心中所要之目標，自然就會積極注意主、客觀環境之有利部分，隨時準備好，機會來了立即出手「捕捉」，成功的做到「事成」。

吳君有多篇文章，談到他如何透過正面思考，產生潛意識力量，達成「心想事成」的所要目標。（註三）凡事只要心中常冥想，「我想要」、「我可以得到」、「我一定可以」，這種心中的激勵和期許，就是有朝一日完成「心想事成」的動力。

從吳君的親身經歷（前面相關章節已詳述），如他「苦戀」後決心在「安定的工作單位」、堅定非護士、老師不娶的信念，及轉軍訓教官等事。他回顧「一生至今，諸多心想事成，全賴於正向思考，發覺潛能（潛意識力量）的無限，正如祈禱的力量，求神拜佛的神來之力，有朝一日都可以應驗。」吳信義以自己的實例，鼓勵大家凡事朝正面去思考，就能發揮潛意識力量，創造心想事成的神奇成果。

參、日常生活中許多正負能量的選擇

社會學家常說「人是社會動物」，即說人之一生都離不開社會，從生到死都和社會各種關係，有緊密的連結，這是事實。由於如此，現代人每天必然也是活在各種人際關係中，社會或人際是個大染缸，你會碰到正能量的人，也會碰到負能量的人。吳信義強調，「人與人之間就是一個緣字，情與情之間就是一個心字，要珍惜相見。見一次多一次是正向思考，見一次就少一次是負面思考，你喜歡何者？」（註四）生活中珍惜相見，就是正向思考，會產生正能量。

面對複雜的社會人際，吳信義在〈快樂何處覓〉一文，警示要有所選擇。（註五）多與正能量者相處，您會樂觀、積極、豁達，心地自然善良慈悲，感染快樂；反之，與負能量者相處，您會消極、悲觀、怨懟，要選擇遠離他們，您才會快樂，這是生活中常會碰到的事。

古今偉大的聖者，如佛陀、孔子，都警示過世人，要親近益友、遠離損友。這就是選擇與正能量者相處，避開那些負能量者，才能過快樂的日子。

肆、心念變了，德行就變了

一個人過的快樂與否，取決於他自己，如果始終不能轉念，天天充滿著負面心（負面思考），神仙也不能改變他。這是吳信義經常和好友分享的理念，也是一積極的信念。

所以佛陀說：「境隨心轉則悅，心隨境轉則煩」。吳信義和我等，是正式皈依的佛弟子，我們的思想行誼當然是盡可能合乎佛教規範（也當然不可能完全合乎）。但有生之年，必然盡可能自我要求，做到境隨心轉，如吳信義在〈兒孫自有兒孫福〉一文，他的一段附註文字，值得與大家共勉：（註六）

一個人，心念變了，德行就變了，
德行變了，氣場就變了；
氣場變了，風水就變了；
風水變了，運氣就變了；
運氣變了，命運就變了。

所以，改變命運真正靠的是自己的正面思考、正能量，厚德載物。而不是身上配戴的各種護身符、轉運珠等。內心善良、柔和、寬厚，必長福相，這是任何昂貴化妝品都裝扮不出來的，相由心生，境由心轉。

註釋

註一　吳信義，《芝山雅舍—健群小品》（台北：文史哲出版社，二〇一六年七月），頁三〇三—三〇四。

註二　同註一，頁三四一—三四三。

註三　吳信義，《所見所聞所思所感—健群小品》（台北：文史哲出版社，二〇一四年九月），頁二七六—二八〇。

註四　吳信義，《歲月行腳—健群小品》（第四集）（台北：文史哲出版社，二〇二〇年元月），頁一五五。

註五　吳信義，《歲月留痕—健群小品》（第五集）（台北：文史哲出版社，二〇二一年五月），頁七〇。

註六　同註一，頁七九—八〇。

第十五章 佛法體認 福慧雙修

筆者雖與信義、俊歌二位師兄，一起參加佛光山台北教師分會，同時皈依在星雲大師座下，又結伴一起參加多次佛光山全國教師佛學夏令營。（詳見第九章）但二位師兄確實比筆者用功用心，俊歌參加活動較積極，信義師兄更能把佛法實踐在日常人際關係中，此絕非溢美之言，而是「鐵證如山」的存在。

信義師兄的六本書共一千二百八十二篇小品文，幾乎全是他參加、主持或經營各種活動的歷史記錄。這眾多的記錄小品，幾乎絕大多數有佛法之意涵，有直接有間接。有些雖無佛法意涵，但看他待人處事的行事風格，在小品文中處處彰顯，讓人一讀便知他是佛弟子。這便是他將佛法落實在生活中，鐵證如山啊！

因此，本章要從吳信義的生活記錄，來了解他對佛法的體認，從他的小品文中歸納出以下幾項略為簡述。

壹、智慧不起煩惱，慈悲沒有敵人

「智慧不起煩惱，慈悲沒有敵人」一語，吳信義記在往昔聽星雲大師開示的筆記中，他偶爾翻翻筆記，心又有所感，寫了一篇小品文〈用智慧善解，用慈悲包容〉。（註一）他又「心想」了什麼？「事成」了什麼？

他沈思這智慧佛言，讓生活時時知足，讓意念能起善解，讓敵意能起包容，心懷知足、感恩，同時對「智慧」二字有所解釋。

智慧：知識的知，下面有個「日」，意說如同太陽可以自己發光的知識；慧，上面是樹，草下面是心，意說心裡不斷保持著生機、活潑的力量。但智慧和慈悲，有不同層次，更有所限制，吳信義提示：

缺乏智慧的慈悲，容易軟弱；
缺乏慈悲的智慧，容易僵硬；
失去智慧的慈悲，是爛慈悲；
失去慈悲的智慧，是壞智慧。

可見得智慧和慈悲，要修到完全合乎標準，可能得修一生一世，乃至幾世。或許吳信義提示作家羅蘭筆下的智慧較易於理解：生命的過程，注定是由激烈到安詳，由絢爛到平淡，一切情緒的激盪終會過去，一切彩色喧嘩終會消隱，如果你愛生命，你該不怕去體嚐。

吳君寫了幾十年日記、筆記，現在經常翻閱，成為回憶和享受，他翻到了十多年前的筆記，提到慈悲的三個層次：有緣慈悲、法緣慈悲、無緣慈悲。（註二）有緣慈悲，是有血緣關係（直系、旁系），如兄弟姊妹，比較容易做到；法緣慈悲，無血緣而有關係，如夫妻、同學、師生，難度又提高很多。最難是無緣慈悲，對天下不認識的一切眾生，都能「無緣大慈、同體大悲」，做到平等心的慈悲，這就是菩薩的境界了。

貳、生、住、異、滅、老、病、死

「生住異滅」或說「成住壞空」，及「生老病死」話題，是佛教師父們講經說法時，經常會談到的內容。在吳信義的文章中，頗多談到他自己的體認，甚至朋友餐敘閒聊，也是很「熱門」的話題。例如，某人提到上個月看到張老伯還好好的，怎麼昨天就走了，但願他一路好走，一場「生住異滅老病死」座談會，予焉展開！

生住異滅，是宇宙間一切萬事萬物，包含人類社會一切，其生（形成）↓住（存在）↓異（變化）↓滅（結束、壞空、死亡）之全部過程。也就是沒有什麼是永久、永恒的，星星、月亮、太陽等，最後也是壞空死亡，只是時間問題，所以《金剛經》才說，三千大世界都是一時因緣和合的假相，緣聚則生（有），緣散則滅（無），都沒有永久的存在，人生人際也是一個道理。

吳信義則從生活上常用物品的壞死，體認到這個道理。在〈談生與滅：對使用年限的認知〉一文，從手機、汽車、房子等久用汰舊換新，疫情、颱風等造成意外傷亡，體認到有為法的「生住異滅」，人之「生老病死」。（註三）凡有為法，都存在無常定律中，有生必有死，人人都要有此認知才對。

吳信義常說他最喜歡《金剛經》的四句偈，「一切有為法，如夢幻泡影，如露亦如電，應作如是觀。」有為法是因緣和合而生的一切理法，因緣而生皆具生、住、異、滅四相，故皆無常。

無為法是無因緣造作的理法，也就是無生滅變化而寂然常住之法，永遠不變的絕對存在，沒有因緣和合，就脫離生滅變化而成絕對常住之法。

參、隨順因緣、廣結善緣

按筆者對信義師兄，長期就近的了解、研究，看著他絕大部份時間，用於參與、主持或經營各類有益團體，深深感覺到他在「隨順因緣、廣結善緣」上，做的是多麼用心與徹底。他在〈萬般隨緣〉一文，引「禪悟人生」說自己的領悟：（註四）

世間萬物因緣而生，緣聚則物在，緣散則物滅。
相遇是緣錯過也是緣，認識是緣，陌路也是緣。
朋友是緣敵人也是緣，恩愛是緣，別離也是緣。
和睦是緣紛爭也是緣，覺悟是緣，痴迷也是緣。
成佛是緣成魔也是緣，善緣惡緣，無緣不聚。
逆緣順緣，有緣不散，緣聚緣散，強求不得。
唯有隨緣修善，才能廣結善緣。

吳君舉例，出外旅遊要隨順因緣，才能隨遇而安，玩得開心，「人時地」

都對，必能開心又順心。他在〈好心情養生〉一文說，最喜歡師父星雲大師的待人處世「三好四給五和」之說。（註五）三好：說好話、做好事、存好心。四給：給人信心、給人歡喜、給人希望、給人方便。五和：自心和樂、人我和敬、家庭和順、社會和諧、世界和平。以此好心情養生，而不是吃什麼補藥仙丹，且為最佳廣結善緣之實踐。

但在現代社會中，要廣結善緣也不是容易的事，因為社會疏離，大家自我之心很重。在〈廣結善緣〉一文，吳信義有感而發，「有時候要做不是我的我，即非我。因為要廣結善緣，必須要放下執著的我。角色扮演以大處著眼，要能隨時投其所好，謙卑低微，甚至假裝糊塗，為的是結一段善緣。」（註六）可見得，「隨順因緣、廣結善緣」，是一種永無止境的修行工夫。

肆、讚美與布施：不是救別人，而是救自己

有很長一段時間，大約筆者五十多歲以前，偶爾給路旁乞者一點小錢，以為是在助人或救人，一般大眾也以為如是。直到五十多歲以後，聽佛光山師父講法，提到此類行為（給乞丐或窮困者錢，或樂捐等），師父說：「其

實表象看你是在救人，終極而言，你是在救自己。」

這句話筆者也想了很久，才參悟到一點道理，可見「布施」二字極為神妙，《金剛經》多處講布施之功德，如〈妙行無住分第四〉：（註七）

菩薩於法，應無所住行於布施。所謂不住色布施，不住聲香味觸法布施。須菩提，菩薩應如是布施，不住於相。何以故？若菩薩不住相布施，其福德不可思量。

佛法講財布施、法布施、無畏布施，應以「三輪體空」為最高境界。最後佛在《金剛經》〈應化非真分第三十二〉，為布施的功德做總結說：（註八）

若有人以滿無量阿僧祇世界七寶，持用布施，若有善男子、善女人發菩提心者，持於此經，乃至四句偈等，受持讀誦，為人演說，其福勝彼。云何為人演說？不取於相，如如不動。何以故？

一切有為法，如夢幻泡影，如露亦如電，應作如是觀。

《金剛經》所說的四句偈，正是吳信義最歡喜的座右銘，在他的文章或言談經常提到，這便是一種法布施。他在〈請不吝多讚美〉中，提到七種不需要花錢的布施，這是無財布施：（註九）

㈠給別人和顏悅色的布施，例如一個微笑是為顏施。

㈡向人說好話、做好事、存好心，勉人力行是為言施。

㈢以同理心為對方設想，為心施。

㈣用慈愛眼神關懷別人，為眼施。

㈤身體力行幫助別人，為身施。

㈥讓座給需要的人，為座施。

㈦察覺對方所需，給予方便，為察施。

吳信義很喜歡講佛教的三種布施，財施、法施、無畏施，乃至「三輪體空」的境界，他也經常在宣揚星雲大師的三好運動，鼓勵大家隨時可以做「無財施」，以歡喜心讚美別人也是一種布施。

身為佛弟子，到底要如何去體認佛法？如何去修行？尤其生活在這紅塵大染缸裡，考驗著所有的人。吳信義在〈人生感悟〉一文提到「福慧雙修」，才能達到「兩足尊」（即福、慧皆圓滿具足）。（註十）確實是，常言道，

「修福不修慧，福中也造罪；修慧不修福，慧中也糊塗。」

信義師兄在文章裡寫下自勉，生命終點必然是死亡，人所追求是活在世上過程中的價值，說來抽象，簡單的說，就是所言所行要能利益眾生（家庭、社會、國家）。這並非做大官大事者才能行之，凡夫走卒亦可為。

註　釋

註一　吳信義，《所見所聞所思所感—健群小品》（台北：文史哲出版社，二〇一四年九月），頁六三。

註二　吳信義，《健群小品》（第三集）（台北：文史哲出版社，二〇一八年三月），頁一三五—一三六。

註三　同註一，頁一三一—一三二。

註四　同註一，頁一四二—一四三。

註五　吳信義，《歲月留痕—健群小品》（第五集）（台北：文史哲出版社，二〇二一年五月），頁五五。

註六　同註二，頁一四九。

註七　可看任何一本《金剛經》。此處引：星雲大師，《成就的秘訣：金剛經》（台北：有鹿文化事業有限公司，二〇一一年二月二十一日，初版三十五刷），附錄二，頁二一八—二一九。

註八　同註七，頁二五三—二五四。

註九　吳信義，《芝山雅舍—健群小品》（台北：文史哲出版社，二〇一六年七月），頁八八—八九。

註十　同註一，頁二〇三—二〇四。

第十六章 終身學習 樂活當下

吳信義回顧自己從學生時代、畢業後的三個職場，到退休至今二十多年，這一路走來的幾十年人生，有如一場「學習之旅」。學習使人快樂，在〈平凡的人生(二)〉一文，他以「終身學習與時俱進」自勉。（註一）（他人生各階段的學習目標，可詳參前面相關章節）。本章就從「終身學習、樂活當下」為主述，走入他的學習世界，也分享他的學習之樂，樂活當下。

壹、從退休後的學習大計說起

吳君退休後的學習大計，主要如第七章〈退休生活規劃與經營〉，大約二〇〇八年後，開始專心學電腦，開設部落格，發表健群小品。如今對現代各種電子產品的運用，他已不輸許多年輕人。

他形容坐在家裡就可以學習新知，享受學習之樂，全世界盡收眼底，「自然景觀、旅遊景點、養生保健、醫療常識、歷史回顧、世界文學、幽默笑話、中外名畫、電影欣賞、美女姿色……」（註二）但首先得學會善用工具（電腦、手機等），才能享受學習之樂。

學習不光從中得到快樂，吳信義認為快樂之外，尚有很多功能。他以學習國標舞為例，是娛樂又當運動，還可以結交新朋友，廣結善緣，與許多人同樂是很划得來的事，日久就成了老朋友，這就是再續好緣。

吳信義喜歡談人生最快樂的五個面向，也是他從年輕時代認知的價值：㈠規律的身心運動、㈡美滿的家庭生活、㈢勝任愉快的工作、㈣良好的人際關係、㈤不匱乏的經濟生活。（註三）

這是他心中的普世價值，至今仍身體力行，只須把第三項改成喜歡各種學習。他鼓勵退休的銀髮族們，走出來參加各種活動，同鄉會、老友會、同學會；參加各種學習，唱歌、跳舞、繪畫、棋藝、打牌等，選擇自己喜歡的學習，樂活當下，享受快樂的老年生活。

貳、生有涯、學無涯，避免不知不覺中「被學習」

「吾生也有涯，而知也無涯。以有涯隨無涯，殆已；已而為知者，殆而已矣。為善無近名，為惡無近刑，緣督以為經，可以保身，可以全生，可以養親，可以盡年。」

吳信義引《莊子》所述，「生有涯、學無涯」，詮釋人生就是一場學習之旅。（註四）人生從有形的學校，小學、中學、大學，到研究所讀完人生已過四分之一以上。到了社會職場，面對複雜的無形學校，學不完的功課，永遠沒得畢業，到了退休人生已過大半，乃至已近黃昏。退休後，要學的更多，人生的最後一門功課，人人都跑不了必修，就是學習怎樣面對死亡！

人生的學習之旅，是活到老，學到老，雖人人都要面對，但也必須要有選擇的智慧，尤其避免在不知不覺中「被學習」，受污染後，人性的善心在不知不覺流失了，最後學到滿懷仇恨心。這種情況在台灣社會，已極為普遍，吳信義提醒大家要有所警覺。

在〈快樂學習〉一文，吳信義警示大家，台灣的大眾媒體新聞報紙等，很多都是思想毒源，成天都是政治漫罵和謊言，製造族群對立和仇恨，任何人經常看，心靈必然不知不覺受到污染，滿肚子仇恨，這就是「被學習」。（註五）大家要有這種警覺心，學習才會快樂。

所以吳信義建議大家，可看動物星球頻道和宗教台，如人間衛視、大愛、華藏、華衛、正德，講經說法。這樣在無形中，學習到正面思考、正思維、正能量、正念、正見，心靈自然充滿著陽光，生活自然就快樂。

參、永保好奇心與學習心

所謂「終身學習、樂活當下」，若放眼看看大社會各角落茫茫人海之云云眾生，其實並非人人具備有學習動力。人之能夠終身學習，仍須有些條件的具備。例如好奇心和有意願的學習心，或學習的企圖心。

無疑的，吳信義的好奇心和學習心都很強烈，就像孔子那樣，不懂就問。幾年前他第一次看到「忽悠」二字，百思不解，他問「百度」，得到兩個解釋，說「忽悠」有兩層意涵：（註六）

㈠一種飄忽不定的狀態或心態。

㈡利用語言，巧設陷阱引人上勾，叫人上當。

其第一層意義，如人在公眾前大言不慚、言而不實。而第二層意義則衍生出「胡說、欺騙、吹牛」等意。吳信義「打破沙鍋問到底，還問沙鍋的底在哪裡？」讓他查出，「忽悠」二字源自我們中國東北的方言，國語作唬弄或唬嚨，是讓人陷於飄忽狀態。而在某種特別狀況下，忽悠也有「勸說、鼓動、慫恿」的意思。

他因好奇心強，在生活中又學到一個新名詞，看懂忽悠，才能不被忽悠（如果一個人常被忽悠，定是快樂不起來，如何樂活當下？）吳信義警示，如有一些所謂的 EMBA 班，更是學術忽悠金錢的大本營，終身學習也要學習避免被忽悠，才能快樂學習，樂活當下。

二〇一五年，吳信義讀到一本新出版的書，《第三次工業革命》，作者是未來學大師傑瑞米．里夫金（Jeremy Rifkin）。（註七）講的是物聯網革命，改變市場經濟，顛覆產業運行，造成資本主義式微，讓人類走向共享經濟時代，全面改變每一個人的生活。

在〈生活離不開資訊網路〉一文，吳信義感受到物聯網時代的來臨，網路已入侵到每個人的生活面，如果不學好網路運用，會失去很多學習機會。（註八）學習無關年齡，銀髮族為終身學習，更需藉著網路學習新知，開拓視野，創造自己的快樂天地。

肆、樂活當下，是一種幸福（每天自勉）

樂活當下，就是此刻、現在，人所能感受當前這一瞬開始就是快樂的。因為你眼前所見、所感的每一件事，都能令自己產生快樂的心情，每一天都如是，也就是天天都是當下，天天都快樂。

這是怎樣一種心境？才能產生這種「樂活境界」。吳信義在〈樂活當下，是一種幸福（每天自勉）〉一文，寫著晨起精神爽，開啟愉快的一天，享受當下樂活的時光。累積的快樂，就是身心靈得到滿足，自勉每天生活中都有六樂：（註九）

一樂也：晨起和黃昏的公園健走，享受獨處，沈思或思考寫作靈感，心曠神怡。健走所見奇人奇事，感受四季美景，每日的健走時刻，感覺是身心最舒暢的時刻。

二樂也：開啟電腦，看朋友傳來的訊息，從世界美景人文地理到醫藥養生，從勵志小品到修心養性，從幽默笑話體會說話藝術，從因果觀了解生命可貴，看往事回憶許多歡樂點滴，欣賞各地美女，聽說也是養生。

三樂也：每天早睡早起，心中無事，睡的飽飽。數十年來，都是晚上十點就寢，晨五時多至六時起床，中午小憩半小時至一小時，生活正常，身心靈、精氣神，都在愉悅狀態中。

四樂也：午憩後泡一壺茶，習慣喝高山熟茶，享受香氣和樂趣，又能中和平衡體內酸鹼，有益身心；蒐集數十隻好壺，輪流使用，養壺也宜情，生活中有樂趣。

五樂也：公寓大廈前後小陽台，種許多盆栽。有鳳仙花、日日春、繡球花、劍蘭、蘆薈等。有剪枝即可不斷繁植，每天勤澆水，看小花小草成長，心中充滿喜悅。

六樂也：退休後與內人角色互換，信義成了家庭主夫，從採買、洗菜到做飯、家事雜役全部包辦。「歡喜做、甘願受」，從中也可以找到樂趣，每日生活都有以下六項自勉，也和朋友共勉：

知足喜捨，是一種幸福！

健康平安，是一種幸福！

分享共好，是一種幸福！

體驗學習，是一種幸福！
活在當下，是一種幸福！
實踐夢想，是一種幸福！

活的一天就樂活當下，每天這麼多時段都感受到快樂，感覺生活就是一種享受。吳信義提筆道來，都是心中的感想，皆是肺腑之言。

伍、老來樂學，學「忘」與「記」

吳君參加許多老人團體，也有心觀察許多老人家的生活習慣。據他了解，排斥使用智慧型手機者，大多是年歲較長，原因不外視力差、反應慢、學即忘。另一種達官貴人退休，昔日有屬下負責操作，養成依賴，錯過操作機會，退休後又不願放下身段學習。（註十）

但群組中也有許多八十歲以上老人家，佩服他們終身學習的精神，永不服老，吸收新知，成為新時代進步的老人。吳信義常說，老來樂學才可貴，不忘終身學習者永不老，人老了要樂活當下，也要學習「忘」，該忘的都忘，才會快樂，這是要學習的。在〈老之健忘〉一文，老人家要學習忘掉什麼？

（註十一）

「記」是聰明，「忘」是智慧，是修養！

中年以後，逐漸領悟到忘得掉才是真幸福。

忘不掉別人的閒言閒語，人生會披上一層灰色。

忘不掉傷心往事，人格會逐漸扭曲。

我開始向神求「健忘」之恩。

忘掉過去的輝煌，是謙卑。

忘掉已往的失敗，是勇氣。

忘掉從前的創傷，是饒恕。

忘掉昔日的罪過，是感恩。

忘掉朋友的不周，是大方。

忘掉仇人的攻擊，是愛心。

「忘」比「記」難多了，「記」只是一點聰明。

「忘」是智慧、是修養。

也確實是，前述那些該忘的事，如果老人家始終不能忘懷，始終記著年輕時代的恩怨情仇，始終記著往昔的失敗傷痕，不僅影響學習，也快樂不起來。所以，「終身學習、樂活當下」，不是嘴巴說說，都是要學習的，要有一顆「學習心」要學習，快樂、轉念，也是要學習的。

陸、蘇格拉底：我只知道一件事，就是我什麼都不知道

三十多年前，吳信義常以柴松林教授講過的一段話，勉勵學生。柴教授說：「一位大學畢業生五年不讀書進修，五年後只有高中程度，十年後倒退到國中，最後是小學程度。」（註十二）可見沒有「學習心」，是一件很「恐怖」的事，何況現在是新知識爆炸的時代。

連西洋聖哲蘇格拉底都說：「我只知道一件事，就是我什麼都不知道。」（註十三）連聖人都這麼謙虛，表示還有很多要學習，吾等凡夫那能不終身用功學習，活到老，學到老。

人生要學的很多，吳信義在〈學習的力量〉一文，憶起滿謙法師引星雲大師的話說：「學習認錯、學習柔和、學習生忍、學習溝通、學習放下、學習感動、學習生存。」（註十四）是啊！人生真是學不完，最後還要學習一門功課，「怎樣面對死亡？」或「面對往生的準備」。

有句話說，當一個人停止學習就是老化的開始。所謂活到老、學到老、樂活當下，人才會過的有意義、有價值，而且快樂。聯合國教科文組織在〈學會生存宣言〉，指出：「未來的文盲不是不識字的人，而是不會學習的人。」（註十五）不會學習會成為現代社會的「文盲」，你想，文盲會快樂嗎？

註釋

註一 吳信義，《行腳留痕—健群小品》（第六集）（台北：文史哲出版社，二〇二三年五月），頁五九—六一。

註二 吳信義，《所見所聞所思所感—健群小品》（台北：文史哲出版社，二〇一四年九月），頁四七—四八。

註三 吳信義，《芝山雅舍—健群小品》（台北：文史哲出版社，二〇一六年七月），頁三一一—三一二。

註四 吳信義，《健群小品》（第三集）（台北：文史哲出版社，二〇一八年三月），頁八四—八五。

註五 同註四，頁一〇六。

註六 同註三，頁二七四—二七五。

註　七　傑瑞米·里夫金：一九四五年元月廿六日生，美國經濟學家、作家，主要作品有：《熵：一種新的世界觀》、《第三次工業革命：新經濟模式如何改變世界》、《生物技術世紀：用基因重塑世界》。

註　八　同註三，頁一七六—一七七。

註　九　同註二，頁一五五—一五七。

註　十　同註四，頁一七〇。

註十一　同註四，頁三〇三—三〇四。

註十二　吳信義，《歲月留痕—健群小品》（第五集）（台北：文史哲出版社，二〇二一年五月），頁一六七—一六八。

註十三　同註十二。

註十四　同註一，頁二二九。

註十五　同註十四。

第十七章　事無絕對，時空改變價值

「事無絕對，時空改變價值，相互尊重包容。」這是吳信義在文章或言談中，經常提到的一句話。早在復興崗擔任六大戰思想戰教官時，傳授學生善知識，必會講到思想隨時空環境的轉變而改變，如現實政治所言，「換了位子就換了腦袋」。（註一）其實是時不我予，天下萬事萬物亦如是。

不論在日常生活所觸所見，或其他任何領域，吳信義所感都是「無常觀」。事情的對與錯，事物的價值，都因時因地而改變，被時間空間所決定，沒有什麼是永久不變的，思想或價值觀等，萬事萬物皆是。

壹、事無絕對：認知需求產生不同價值觀

學佛的人常說：「一花一世界、一葉一如來」。這句話有很多深意，但

也在說世間一切眾生都不一樣，都是一個獨立的個體，每個價值觀都不一樣，甚至同一個人在不同時空年代，價值觀也不一樣。吳信義在〈認知需求：談價值觀〉一文，從觀察周遭一些認識的朋友，發現事無絕對的原因。（註二）原來與人的基本需求有關，「需求」是生物本能的一種。

舉例來說，有人愛喝酒、吃檳榔、愛賭博、抽煙、喜好骨董字畫、看電影、聽戲等。日常生活中許多嗜好變成了需求，有好有壞，沒有對錯，但確實影響了他們的價值觀，同一事每人看法不同。

又例如，有的人很省吃儉用，卻願花大錢在嗜好需求上，而捨不得花錢買一件較好衣著。有的人捨得花錢，有的人一毛也捨不得花，這就是眾生相，因其不同個性、習慣、程度（層次），產生了認知需求的差別，就產生了不同價值觀。幾十年前，抽煙幾乎是全民嗜好，也是國際禮儀要學習的功課，筆者在陸官校時，秦祖熙將軍當校長，發香煙給所有學生，要求學習抽煙禮節。現在呢？抽煙的人已如病毒，人人避之而恐不及！

吳信義認識一退休老師，到世界各地觀光旅行，在杜拜花十萬台幣住一晚，體會純金打造的設備用品，何以捨得？（註三）但看看我們上一代父母，一生節儉刻苦，省吃儉用。都是因為時空環境變了，需求認知不同，產生了不同價值觀，所以事無絕對，一切都在無常中變化，這應該也是佛法的體認了。

貳、利弊相對，得失亦相對

星雲大師說過一則比喻，說明世事利弊得失都是相對性的。有兩姊妹，一個嫁給種田的，一年四季都希望下雨；一個嫁給做新竹米粉的，希望天天都是大太陽，不要下雨天。吳信義在〈利弊相對性〉一文，也有深入闡揚其中妙理。（註四）能領悟對人生有大助益，助人於逆境中，逆向思考，翻轉人生的不利局面。

寫該文正好碰到「浣熊颱風」，給農作物帶來很大損害，但充沛的雨量使水庫「高所得」，解決了缺水問題。這就是利弊得失的相對，二者都要概承受，心裡才會坦然。吳信義喜歡老子《道德經》裡一句話：「禍兮福之所倚，福兮禍之所伏。」，這表示禍福相互依存，可以互相轉化，甚至根本是「一家人」。

人生所碰到的一切，乃至任何社會事件，在某種條件下，好事可能引出壞的結果，壞事也可能引出好結果，而各方（有關或無關的各造）利弊得失都不同。常言道危機就是轉機，就是此等道理。

明白了利弊得失的相對性，在人生的健康、財富、人際關係等之經營管理，必有另類思維，如塞翁失馬的故事。人生要面對無窮的相對情境，如有無、長短、貧富、貴賤、好壞等，以平常心看待，隨順因緣，我們才能在紅塵中有一塊相對的淨土安身立命。

在〈我對得失的認知〉一文，以生活中的苦樂名利、吃虧與佔便宜，闡述相對性。（註五）在〈得與失都是相對有感〉一文，他以自己選擇在安定的學校服務，不下野戰部隊，最後轉軍訓教官，雖有各種得失。（註六）但總結這一路走來，自己更有機會進修，到了台大認識不同領域的朋友，退休後都成了好友，吳信義感覺到，真正享受的是得比失還多。

有一個老弟對吳信義說，他喝酒、打牌、抽煙、交際應酬都不會，覺得自己很笨。吳君對他說利弊得失的相對性，也許其他方面所得更多，他若有所悟。（註七）

吳信義長期訂佛光山的《人間福報》，二〇一八年十月十日他在〈分享善知識〉一文，看到佛曰：「智者爭天下，愚者爭對錯」，讓他茅塞頓開。

（註八）他說雖非智者，但可以不是愚者，何苦計較利弊得失！何苦與人爭對錯，浪費自己時間，也造成諸多不悅或誤解。

參、傅斯年的改變：主觀價值與客觀價值

在〈情境有別〉一文，吳信義談到傅斯年先生，年輕時代和後來當台大校長的價值轉變。（註九）他早年時參加「五四運動」，是反對儒家思想的前衛者，後來當了台大校長，積極提倡中國文化，擁護儒家思想，規定學生必修四書五經。

這個改變太大了，等於「換了位子換個腦袋」，錢思亮先生不解其中改變的原因。當面問他，他簡單答說，當年大學生想法幼稚，如今中年已成熟，認知當然就不同，看法想法也就不同。

面對此類問題，應該要區分「主觀價值」和「客觀價值」。主觀價值是屬人的主觀認知，例如古今幾千年來也常有人要打倒「孔家店」，反對儒家思想，如秦朝、大陸文革和今之台獨偽政權，最終反被「孔家店」打倒，證明屬人的主觀價值都是一時的、短暫的、相對的，經常會產生各種改變。

而「客觀價值」，則屬於一種客觀的存在，例如中國文化從幾千年以來，有許多思想家開啟「文化大店」，「孔家店」是最大的一家，代表中國文化，成為客觀存在的價值。兩千年前，至今，乃至再未來兩千年，其價值都存在，不會有改變。證明客觀價值可以永久、可以常住，除非人類文明文化都滅亡了，中國文化當然就沒有價值（因為也滅亡了）。

肆、尊重與包容，才能互利共贏

既然一切眾生都不一樣，個個認知需求都不同，價值觀各有看法，這是自然界的常態。用心理學說，是每個人都是世上獨立的個體，世上沒有兩個完全相同的人；從佛說，則是「一花一世界、一葉一如來」。

這就產生一個問題（古今人類社會難解的大問題）。「人與人要怎麼相處？」，擴大到國與國要怎麼相處？因為幾乎人與人的糾紛、國與國的戰爭，都源自雙方看法不同、價值觀不同、利益得失堅持不同。思想家都說要尊重包容，似乎效果有限，這世界才越來越亂。

把範圍縮小到我們一般朋友圈，乃至同一群組之友人，也是千奇百樣。

吳信義說：「當別人喜歡的嗜好，如抽煙、喝酒、打牌等，而您厭惡，我學會尊重、迴避而不加批評、干預或反對。」（註十）要學會尊重人家，自己身心才能自在，樂活當下，也許這就是孔子所言，「七十而從心所欲，不踰矩。」

除了尊重別人不同看法或習慣，吳信義在〈宗教信仰〉一文，也發現西方的一神教（基督教），有強烈排他性。反觀我們中國的儒、佛、道則有很大的包容性。（註十一）不論人際關係、宗教信仰，都應該「異中求同、同中存異」，不要強迫他人同意您的想法看法，大家尊重包容，才是互利共贏的辦法。

放大到整個時空的長流，一切都是無常，無時無刻都在變化中，佛都說了「三千大世界都是一時因緣和合的假相」（引《金剛經》說法），緣聚則生，緣散則滅。所以吳信義強調，「莫執著於您主觀的認知，要尊重客觀下許多人的看。」（註十二）能包容是一種高度，有如虛空能包容一切！

他從尊重與包容，看待這個世界的眾生。同時在生活中常以此自勉，「笑看風雲淡，坐看雲起時，不爭就是慈悲，不辯就是智慧，不聞就是清淨，不看就是自在，原諒就是解脫，知足就是放下。」我寫著、寫著，師兄的話如古代禪師的棒喝，又給我上了一課，各位讀者們您可要好好上他的課。

吳信義談「不爭辯，是一個人深到骨子裡的修養」。他引卡耐基說「在爭論中獲勝的唯一方式，就是避免爭論。」不與他人爭辯時，你才是你的世界的中心。（註三）所以事無絕對，時空改變價值，要學會尊重和包容各種價值觀，才能懂得與人相處，或與人和解，能包容和解自然就不爭，甚至無爭了！

人要活到老、學到老。要學的很多，除了尊重包容，也要學習謙卑、禮讓，退一步海闊天空，心安理得，享受自己怡然自在的天空。吳信義再以「慈悲沒有敵人，智慧不起煩惱」，與大家共勉。

註釋

註一　吳信義，《歲月行腳—健群小品》（第四集）（台北：文史哲出版社，二〇二〇年元月），頁一一三。

註二　吳信義，《芝山雅舍—健群小品》（台北：文史哲出版社，二〇一六年七月），頁六一。

註三　吳信義，《所見所聞所思所感—健群小品》（台北：文史哲出版社，二〇一四年九月），頁二〇五—二〇六。

註四　同註三，頁三八七—三八八。

註五　同註三，頁二五二—二五三。

註六　同註三，頁四〇〇—四〇一。

註七　同註一，頁一〇五。

註八　同註一，頁一八二—一八三。

註九　同註一，頁四五。

註十　同註二，頁六一。

註十一　吳信義，《健群小品》（第三集）（台北：文史哲出版社，二〇一八年三月），頁一五〇—一五一。

註十二　同註十一，頁二七三。

註十三　吳信義，《歲月留痕—健群小品》（第五集）（台北：文史哲出版社，二〇二一年五月），頁一〇四—一〇五。

發現自己當初記下煩惱的原因：㈠因於執著、㈡緣於無明、㈢由於看不開、㈣出於太自利。（註六）他寫了幾十年日記筆記，經常在自我反思、自我勉勵。

於是，緣於十多年前筆記所述，他給自己再反省，修行之路再自我鼓舞要求：㈠知足常樂不怨嘆、㈡心胸坦蕩無所求、㈢接受事實不惱怒、㈣看破放下不計較。（註七）要如何遠離諸多煩惱，吳信義告訴你一個轉念的方法，超好用、又有效！

吳君發現十九世紀時，英國有位經濟學家提出「八二法則」，他觀察到百分之八十的財富，流向百分之二十的富人。後來有學者再延伸意涵，認為百分之八十的努力付出，只帶來百分之二十的成果，證明並非一分耕耘就有一分收穫。（註八）

在人生所面臨的諸多煩惱，可謂人人都有無限多，要如何轉念遠離煩惱？所謂「人生不如意十之八九」。吳信義發現用「八二法則」轉念，有效又好用，即只想那如意的「一二」，不想那不如意的「八九」。這樣就會有好心情，人自然就快樂起來了。

在〈病痛方知平安福〉一文，吳信義感嘆復興崗十四期同學，又走了一位，內心不勝噓唏。（註九）無常頻率越來越高，凡事要想開、放下，才是現代新老人。常思如意的「一二」，不想煩惱的「八九」，就是善待自己，更是最佳養生之道。

註　釋

註一　吳信義，《健群小品》（第三集）（台北：文史哲出版社，二〇一八年三月），頁一六四—一六五。

註二　吳信義，《芝山雅舍—健群小品》（台北：文史哲出版社，二〇一六年七月），頁一七三—一七五。

註三　同註一，頁四五—四八。

註四　吳信義，《歲月留痕—健群小品》（第五集）（台北：文史哲出版社，二〇二一年五月），頁一〇一。

註五　同註二，頁一八七—一八八。

註六　同註四，頁一〇八—一〇九。

註七　同註六。

註八　同註一，二四九—二五〇。

註九　同註一，頁二四三。

第十九章　宇宙人生都無常，能善終就是福報

銀髮族老友聚會聊天，話題都離不開個人的看病經驗、養生或各種療法，以及如何安排晚年生活，遺囑要不要事先寫好？現在還流行是否願意接受「最後的急救」？好像都是我等老人家所關心，好像該來的就要來了！話題再延伸，不外人生無常啦！如何善終等。無常和善終這兩個議題，在吳信義的小品文中也談的很多，應該是他最有心得、領悟最深的部分。本章再略述並做為全書之結論。

壹、再說無常，宇宙人生都無常

在〈談無常〉一文，針對「無常」二字，有自己的詮釋。（註一）按字義上說，無是沒有，常是固定不變。就是說宇宙間一切事物沒有固定不變的，

當然也包含地球上一切眾生也都沒有固定不變的，時刻都在起變化。所以無常是世間有為法的普遍性定律。

一切事物都緣起而生，緣散而滅，有成住壞空，有生住異滅，無常本自然，都是正常。在人的社會裡，離不開「創造、持續、變化、毀滅」，人人都要面對生、老、病、死，每個階段都是一門功課。

吳信義最喜歡《金剛經》四句偈，「一切有為法，如夢幻泡影，如露亦如電，應作如是觀。」這四句偈對無常的解釋，最為真實到位。

每個人從出生開始，成長的每一天都是無常的變化。小學、初中、高中……進入職場……退休……銀髮，開始進出各大醫院，開始看到同輩好友一個個走了。這是〈流逝歲月的無常〉（註二），無常天天都在看你，大家在年輕時無感，中老後漸感驚恐。

貳、怎樣面對生活中處處無常的發生

吳君家住陽明醫院附近，隨時隨地，無論夜晚或清晨，都會聽到救護車呼嘯而過，使人對無常有更深刻感受。在〈生命無常〉一文，吳信義設想那急救的病患，正與死神拔河，生命就在一呼一吸之間。（註三）這正是佛經《四十二章經》第三十八章〈生即有滅〉的印證：「佛問沙門：人命在幾間？對曰：數日間。佛言：子未知道。復問一沙門：人命在幾間？對曰：飯食間。佛言：子未知道。復問一沙門：人命在幾間？對曰：呼吸間。佛言：善哉！子知道矣！」（註四）這生命在呼吸間，午夜聽救護車呼嘯而過，必更能領悟。

每天全世界不分遠近，都有許多無常發生，天災人禍、意外傷亡、政治謀殺、政變流亡、缺糧餓死、火災水災地震……說不盡的無常，都經由現代媒體，快速傳播給每個人。每看（聽）這麼多無常事故，人怎能快樂得起來？應以何種心態看待？

在〈生活周遭的無常〉一文，面對每天全世界層出不窮的無常事故，應以平常心來看待。（註五）每日所見都離不開八苦，如果每天抱怨、批評、指責別人，你就不會快樂；凡事以感恩心，從正面思考出發，則能心平氣和，心情自然愉快。

參、善終：完美的人生、完美的結局

「善終」，是我們中國人從古至今，都被人們視為人生最完美的結局，最完善的結束，現代的銀髮族也常說「能善終不知道有多好」等話題。可見不論古今，善終都是老人家所期待、追求的境界。

吳信義的小品文，多篇談到善終就是福報，福報就是善終的事。在〈感時花濺淚〉一文，引《尚書．洪範》所談五福：壽、富、康寧、攸好德、考終命。（註六）此即說，高壽富有、無病無痛、瀟灑走一回，有好德行，留下好名聲，無疾而終，真是有福報的人。

另在〈喜樂生死〉一文，要生在好父母、好家庭、好國家、好環境，無病痛折磨，死得其所就是善終。（註七）人老了能善終，是自己和子女的福氣。但「死得其所」有更廣義的解釋，例如革命軍人要死在戰場，死在床上為不光榮，這是一種說法！

在〈善終是福報〉一文，講到有百分之八十的人，在最後時段是在病床或養護中心離世，只有百分之二十是衰老自然死亡，這是老死的善終。（註八）多福多壽，無病無災，就是福報。

在〈看見老病的無常〉一文，如果人生能夠只過「生、老、死」三關，「病」關沒有，也是福報。（註九）吳信義警示，現代人文明病太多，很多人都是三高，「癌」字就是人有三張嘴，吃了堆積如山的食物，要跳脫「病」關很難。

肆、另類善終：死得快也是前世修來的福報

人生要得到「完美的結局」才叫善終，這也太難了，可以說絕大多數的人，都是「不得善終」。這多麼叫老人家失望，因此要將善終水平降一些，讓更多人可以得到「善終」，不也是一種快樂或安慰嗎？

在〈無常人生〉一文，吳信義認為「善終是指死得快，自己沒有痛苦，如現代文明病心肌梗塞是好的善終。」（註十）眾知心肌梗塞，若未得及時急救，也是很快就結束了生命，痛苦時間短，甚至沒有痛苦，也有人認為是福報。或在睡夢中就結束生命，也被認為是善終。

從「死得快」來推述，人類社會有許多事件（自然、人為），都可以使很多人「死得快」。在〈空難遐思〉一文，吳信義表示，「空難能生還者微

乎其微，一生中要遇上空難是大禍亦是大福。墜機一瞬間，驚慌之後化成烏有，沒有痛苦，形容死得快的善終。」（註十一）這是吳信義的另類思考，死得快對亡者是福氣，前世修來的福，不知讀者以為如何！

吳君在〈笑談人生逆旅〉一文，提到人生旅程的一命、二運、三讀書、四積陰德、五風水。因此，「人生不必追求太完美，就不會活得太累，什麼事情盡心盡力就好。」（註十二）他的人生座右銘是：樂觀、豁達、慈悲、善良。相信這八個字，就是快樂的法門，這個法門應該也適合所有人，讓所有人都快樂起來。

從「人生不必追求太完美，就不會活得太累」的現實看，現實世界一切人事物，本來就不存在「完美」狀態。因此，世人要得到「完美的結局」，完善的善終，比「不可能的任務」更難。如此，必使很多人因難以善終，而活得不快樂！

改良之道，採「另類善終」為標準，任何狀況下只要死得快、沒有痛苦結束生命，就是善終。（當然，自殺、謀殺等犯罪行為都不算）這樣，可使更多人（死者、家屬）感覺是善終，就是一種心理上的安慰。

在〈人生短短50年〉一文，吳信義提到人死後五十年，就會被忘得一乾二淨，如同沒有來過這個世界。（註十三）時間再拉到百年後，就徹底的塵歸塵、土歸土了！

所以吳君告訴我們，生命的意義就是好好快樂的活著；不留戀、不遺憾，萬事隨緣，什麼功名利祿、榮華富貴，都是過眼雲煙，很快煙消雲散，隨風而逝！

註　釋

註　一　吳信義，《所見所聞所思所感—健群小品》（台北：文史哲出版社，二〇一四年九月），頁一〇七—一〇八。

註　二　同註一，頁二〇五—二〇六。

註　三　吳信義，《健群小品》（第三集）（台北：文史哲出版社，二〇一八年三月），頁一六一。

註　四　可詳看任何一本《四十二章經》，本文引：財團法人台北市法爾文教基金會印，《寶鬘叢書之一》，一九九四年。

註　五　同註一，頁一七八—一七九。

註　六　同註一，頁三二一—三二二。

註七　同註三，頁五〇—五一。

註八　吳信義，《歲月留痕—健群小品》（第五集）（台北：文史哲出版社，二〇二一年五月），頁六三—六四。

註九　同註一，頁二六四—二六五。

註十　吳信義，《歲月行腳—健群小品》（第四集）（台北：文史哲出版社，二〇二〇年元月），頁一一八。

註十一　同註十，頁一四八—一四九。

註十二　吳信義，《行腳留痕—健群小品》（第六集）（台北：文史哲出版社，二〇二三年五月），頁二一二—二一三。

註十三　同註十二，頁二五七。

附件

一、吳信義人生歷程大事紀要年表

民國三十三年（一九四四）一歲

△十二月，出生在台南縣六甲鄉，父吳順來，母蘇桂。

民國四十年（一九五一）八歲

△讀台南縣大內鄉二溪國小一年級。

民國四十三年（一九五四）十一歲

△轉學至麻豆國小三年級。

民國四十六年（一九五七）十四歲

△麻豆國小畢業，考取曾文中學初中部。

民國四十八年（一九五九）十六歲

△曾文初中二年級時母親過逝。

民國五十年（一九六一）十八歲

△考取曾文中學高中部（第六屆）。

民國五十一年（一九六二）十九歲

△父親續弦。

民國五十三年（一九六四）二十一歲

△考取政工幹校政治系，九月入伍。

△十一月結訓後即轉入正期學生班14期。

民國五十七年（一九六八）二十五歲

△四年級擔任自治連實習連長。

△十月一日，政工幹校14期畢業。

△十一月到步校初級班第213期受訓半年。

民國五十八年（一九六九）二十六歲

△分發33師97團兵器連擔任七五山砲排排長（駐地后里）

民國五十九年（一九七〇）二十七歲

△回任33師戰車772營第一連輔導長。

△十二月奉調金門17師戰車732營第一連輔導長（駐地山外）。

民國六十年（一九七一）二十八歲

△仍駐金門。

民國六十一年（一九七二）二十九歲

△七月調營政戰官。

△當選金門優秀青年。

民國六十二年（一九七三）三十歲

△元月一日，依中央輪調案回母校任隊職官，擔任學生班六大隊廿一中隊訓導員。

民國六十三年（一九七四）三十一歲

△七月一日，調學生班十中隊中隊長。

民國六十四年（一九七五）三十二歲

△元月一日晉升少校。

△四月（蔣公逝世第二天），與李舜玉小姐結婚。

△十一月，長女佩珊出生。

民國六十五年（一九七六）三十三歲

△調任學生第三營第十連連長。

民國六十六年（一九七七）三十四歲

△調任學生第一營營輔導長（歷練一年）

民國六十七年（一九七八）三十五歲

△七月，長子培群出生。

民國六十八年（一九七九）三十六歲

△調訓導處訓育科少校參謀。

△八月調學員部第二大隊第十一中隊中隊長，不久調學生第一營營長。

民國六十九年（一九八〇）三十七歲

△元旦晉升中校。

民國七十年（一九八一）三十八歲

△考取政校研究班47期。

民國七十一年（一九八二）三十九歲

△七月研究班畢業。

△八月調校部訓道處訓育科長。

民國七十二年（一九八三）四十歲

△三月，佔上校參謀官缺。

△八月，接學生指揮部訓導主任。

民國七十四年（一九八五）四十二歲

△元旦，晉升上校。

△訓導主任歷練一年三個月後，於今年十二月調研究班六大戰思想戰教官。

民國七十五年（一九八六）四十三歲

△父親過逝。

民國七十七年（一九八八）四十五歲

△七月一日，在職進修至師範大學三民主義研究所就讀。

民國八十年（一九九一）四十八歲

△在職進修四年完成（畢業）。

民國八十二年（一九九三）五十歲

△考取軍訓教官班47期。

△八月一日，分發台大農學院主任教官。

民國八十三年（一九九四）五十一歲

△暑假赴師範大學補修教育學分。

民國八十四年（一九九五）五十二歲

△八月一日，奉准退伍，結束軍旅生涯27年。

民國八十五年（一九九六）五十三歲

△年底，應聘國防部大專寒暑訓反共愛國教育政治教官。

民國八十七年（一九九八）五十五歲

△開始參加健康長壽早餐會。

△大專寒暑訓反共愛國教育吹熄燈號，在成功嶺教學歷三年。

民國八十八年（一九九九）五十六歲

△參加士林社區大學命理與堪輿課程。

民國八十九年（二〇〇〇）五十七歲

△參加士林社區大學心靈哲學課程，趙玲玲教授主講。

民國九十年（二〇〇一）五十八歲

△接任中國全民民主統一會秘書長。

民國九十一年（二〇〇二）五十九歲

△開始參加長青高爾夫球隊，每月兩次在林口高爾夫球場球敘。

民國九十三年（二〇〇四）六十一歲

△二月，加入國際佛光會中華總會台北教師分會。

民國九十六年（二〇〇七）六十四歲

△暑假結束心靈哲學課程，前後近八年。

△十二月二十二日上午，吳信義、吳元俊、陳福成與關麗蘇四人，一起參加在佛光山台北松山到場由星雲大師主持的皈依大典，成為大師座下臨濟宗第49代弟子。

民國九十九年（二〇一〇）六十七歲

△開始成立個人部落格，記錄生活見聞。

△八月十七到二十日，參加佛光山佛學夏令營，同行尚有福成、俊歌等好友。

△十月二十六日到十一月三日，與陳福成、吳元俊三人，到山西芮城拜訪劉焦智先生並自由行。

民國一〇〇年（二〇一一）六十八歲

△八月十七到二十日，參加「佛光山佛學夏令營」，同行尚有福成、俊歌。

△九月九日到二十日，吳信義夫婦、台客、江奎章、吳元俊、陳福成六

人，再訪山西芮城，前兩天先訪鄭州大學。

民國一〇一年（二〇一二）六十九歲

△八月十四日到十七日，參加佛光山佛學夏令營，同行尚有福成、俊歌。

民國一〇二年（二〇一三）七十歲

△八月十三日到十六日，參加佛光山佛學夏令營，福成、俊歌同行。

△十月十二日，在天成飯店召開「全統會」執監聯席會。

△十一月，開始參加士林公民會館政戰14期舞蹈班教學，每週兩次。

民國一〇三年（二〇一四）七十一歲

△三月十八日，應台大退聯會之邀，演講〈潛意識的力量，心想事成〉。

△三月二十五到三十日，以秘書長之職陪同「全統會」，會長王化榛訪問北京、天津，全團20多人。

△六月十一、十二兩天，廈門參加「第十屆河洛文化研討會」。

△八月一日到五日，與好友福成、俊歌等參加佛光山佛學夏令營。

△九月，出版《所見所聞所思所感——健群小品》（文史哲出版社）。

△九月，14期小傳、由王榮川編《走過塵土與雲月》出版（文史哲出版社）。

民國一〇四年（二〇一五）七十二歲

△四月十九到二十五日，應中國統一大同盟主席吳瓊恩邀請，組10人代表團赴北京、上海訪問。

△七月十三到十七日，參加佛光山佛學夏令營，同行有福成、俊歌、台客。

民國一〇五年（二〇一六）七十三歲

△接任中國全民民主統一會會長。

△七月二日到六日，參加佛光山佛學夏令營，同行有福成、俊歌等。

△七月，出版《芝山雅舍》（健群小品第二集）（文史哲出版社）。

民國一〇六年（二〇一七）七十四歲

△七月十二到十六日，參加佛光山佛學夏令營，同行有福成、俊歌等。

△十二月底，組團參訪南京、揚州、遊秦淮河畔。

民國一〇七年（二〇一八）七十五歲

△三月二十八日，在天成飯店主持「全統會」會員大會。

△三月，出版《健群小品》第三集（文史哲出版社）。

△五月，福州參訪五日遊。

△五月十一日，於芝山公園手植樟樹。

△九月十八到二十日，參加台大退聯會澎湖自由行。

民國一〇八年（二〇一九）七十六歲

△五月二十到二十四日，姊弟妹北海道之旅。

△七月十五到十七日，參加長青銀髮族星夢郵輪港台三日遊。

△九月十七到二十四日，率全統會參訪北京、天津、廊坊八日遊。

民國一〇九年（二〇二〇）七十七歲

△元月，出版《歲月行腳：健群小品》第四集（文史哲出版社）。

△五月姊弟妹同遊日本北海道，六月台大志工拉拉山之旅，七月星夢郵輪香港之旅。

△七月十三日，林恒雄將軍成立復興崗師友會，聘請吳信義任秘書長。

△七月出版《中華民國之命運》，由勞政武、李增邦執筆，會長吳信義提序，本書是全統會研究專書。

民國一一〇年（二〇二一）七十八歲

△五月，出版《歲月留痕：健群小品》第五集（文史哲出版社）。

民國一一一年（二〇二二）七十九歲

△九月十九日，當選政選14期第11屆同學會會長。

△十月，成立14期卡拉ＯＫ聯誼會，每月兩次在錦州街八號音樂坊歡唱。

民國一一二年（二〇二三）八十歲

△五月，出版《行腳留痕：健群小品》第六集（文史哲出版社）。

△五月三十一日到六月四日，菲律賓宿霧之旅。

△六月十八日，復興崗師友暨水安志工聯誼會在國軍英雄館舉行。

△十一月，《吳信義回憶錄——今世好因緣》出版。

（右）創會會長 滕傑（左）蔣緯國

會旗會徽涵義

1：藍、白、紅三色，代表自由、平等、博愛，也代表老、中、青三結合，又代表台灣、海外、大陸全體炎黃子孫的大團結。

2：會徽為黃色梅花，代表中華民族頂天立地，堅忍不拔的傳統精神。

第二任會長
陶滌亞

第三任會長
王化榛

現任會長
吳信義

二、中國全民民主統一會簡介

一、中國全民民主統一會（簡稱「全統會」）。其強調的目標有二：即「中國的全民民主」與「中國的和平統一」。

二、所謂「全民民主」，不是「資產階級的民主」，也不是「無產階級的民主」，而是國父孫中山先生所主張的民主政治思想「全民政治」。

三、全統會的組織性質：在法律上說，本會是一個在內政部登記合法的政治性團體。在精神上說，本會是孫中山先生所領導的民主革命事業的繼承者。

四、為了完成中國的統一，進而躋中華民族於民主、自由、均富的境地，因而成立本會，凝結全民力量，以充分表現全民的意志，來達成全民的願望。

五、全統會的組織有下列四項特色，乃是達成本會目標的保證：

1. 全民性：竭誠歡迎海內外各行業、各階層所有的中華兒女都來參加本會，使本會能充分代表全民的意志和願望。
2. 民主性：本會的領導與運作，完全秉持民主的精神與原則：少數服從多數，多數尊重少數，使人人都能參與，人人都有成就。
3. 實踐性：凡經決議的事項，皆以主動、機極、負責、徹底的精神，排除萬難，貫徹到底，不達目的，決不終止。
4. 倫理性：本會成員有如家人血親；老一代扶助第二代和第三代，第二代扶助第三代；反之，第二代尊敬第一代，第三代尊敬第一代和第二代。如此代代相扶助，層層表尊敬，使本會形成老中青三代相結合而為打不散、衝不破的倫理性組織。

六、凡是理念相同，年滿十八歲之國民，經會員介紹和總會通過即可成為本會會員，頒發正式會員證。非中國人也可參加為榮譽會員。

三、寧共勿獨　我與全統會的因緣　吳信義

「中國全民民主統一會」於民國七十九年元月廿一日在臺北國軍英雄館舉行成立大會後，依法報內政部成為合法的政治團。創會會長滕傑先生是「三民主義力行社」（即復興社）的創始者，曾任南京市長、國大黨部書記長等要職，有殊勳於黨國。第二、三任會長是陶滌亞將軍，隨後王化榛先生接任四至七任會長。本會延綿長達廿七年之久，成為臺灣地區有活力而最長久之政治團體，胥賴前賢功德垂昭所致。

本人忝任本會秘書長一職長達十六年，於民國一〇五年四月一日承王會長及全體先進同仁抬愛，推為第八屆會長；鑒于當前兩岸情勢危殆，敢不從命擔當艱巨？

今後只有堅持本會既定目標——中國的和平民主統一，盡其在我、全力以赴而已。願全體同仁共勉之！

當前兩岸情勢凶險！因執政者始終懷抱「台獨」迷夢，拒不承認「九二共識」，悍然不顧臺灣二千三百萬同胞的前途福址，妄圖牽引日寇餘孽及帝國主義者力量，抗衡正在和平崛起中的祖國大陸，甚至妄想敲碎中華民族復興的「中國夢」！是可忍，孰不可忍？「寧共毋獨」是滕先生當年創辦本會所定的奮鬥路綫，今天我們只要更篤定遵循這條路綫努力下去，必定成功、勝利！

四、中國全民民主統一會　會　章

中華民國七十九年元月廿一日在臺北市國軍英雄館成立大會通過，
同年二月七日第一屆執行委員會依據成立大會授權修正
八十一年十一月十九日第二屆全國會員代表大會第二次修正
八十二年十月二十九日第三屆全國會員代表大會第三次修正
八十五年十一月十二日第四屆全國會員代表大會修正
八十九年九月二日第五屆全國會員代表大會第五次修正
一〇五年元月十日第八屆會員大會修第二十條（增列第二項）
一〇六年二月廿六日第八屆第二次代表大會修正第十二條

第一章　總綱

第一條：本會定名為「中國全民民主統一會」，簡稱「全統會」。

第二條：本會以促進和平統一中國、實行三民主義全民民主為宗旨；反對一切有害中華民族生存發展的意識、政策及制度。

第三條：本會係依據中華民國人民團體組織法成立之政治團體、並為超黨派之組織。

第四條：本會採全民路線，結合海內外各地區、各職業、各階層之愛國人士，為全民之利益共同奮鬥。

第五條：本會以民主為基制，凡會議、選舉、及經決定之事項，共同遵守，徹底執行。

第六條：本會之領導方式為：

一、以宗旨結合會員，以服務代替領導。

二、以政策凝聚群眾，以情感強固組織。

第七條：本會會徽與會歌，由本會執行委員會訂定之。

第八條：本會會址設於中華民國中央政府所在地。

第二章　會員

第九條：凡服膺孫中山先生之遺教及蔣中正先生之遺訓，而志願遵守本會會章者，均得申請加入本會為會員。入會辦法由本會執行委員會訂定之。

第十條：會員應盡下列之義務：

一、宣揚與實踐本會宗旨。

二、忠誠執行本會任務及參與活動。

三、嚴守本會一切機密。

四、聯繫民眾，服務民眾。

五、介紹優秀人士入會。

六、繳納會費。

第十一條：會員享有下列之權利：

一、在會內會議上，有發言權、提案權及表決權。

二、在會內有選舉權、被選舉及罷免權。

三、有向本會請求支援其參政之權。

四、有向本會各級組織直接反映民意及提出檢舉之權。

五、有向本會請求維護其正當合法權益之權。

六、個人遭遇急難時，有向本會請求協助解決之權。

第十二條：本會會員，概以個別入會為原則，但不排贊同第九條規定之團體入會。

第十三條：會員有退會之自由。退會應以書面向所屬層級組織提出，所屬層級組織應就申請退會案件妥善處理後，遂級函報本會核備。

第三章　組織

第十四條：本會組織體系及權職如下：

一、總會：會員大會或代表大會。閉會期間，為本會執行委員會。

二、分會：省、市、縣（直轄市）級會員大會或代表大會。閉會期間，為分會執行委員會。

三、各級組織不得以組織名義加入其他人民團體或社團。

第十五條：海外及大陸地區設置組織比照前條原則之規定辦理。

第十六條：本會以外之機關團體中，凡有本會會員五人以上者，得設立會外小組，由本會直接領導或指定相關組織領導之。

第四章　精神領袖

第十七條：本會掌奉　國父孫中山先生為精神總理。

第十八條：本會尊奉　繼承國父遺志領國家逾五十年之蔣中正先生為精神總裁。

第五章　會長、副會長、執行長

第十九條：本會設會長一人，由全國會員代表大會選舉產生。會長任期三年，連選得連任。

會長對外代表本會，對內綜攬全會會務，並為全國代表大會、執行委員會及其常務委員會主席。

第二十條：本會設副會長一～四人，襄助會長分理會務。副會長由會長推薦，經本會代表大會通過任聘之，其任期與會長同。會長出缺或因故不能視事時，依次由副會長代理至會長原有任期屆滿或恢復視事時為止。

本會必要時得設執行長一人，襄助會長貫徹本會宗旨；其產生方式與副會長同。

第廿一條：本會得設榮譽會長、名譽會長若干名，由本會會長或執監委員三分之一以上之推薦，提經代表大會通過禮聘之。

第六章　評議委員會

第廿二條：本會設評議委員會主席及評議委員若干人，其人選均由會長推薦，提經代表大會通過後禮聘之。任期三年，並得續聘。

評議委員會每年集會一至二次，由會長召集，評委會主席主持；本會會長、副會長參加，各業務主管列席。有關會務之推行及興革，應尊重評議委員之宏識與卓見。

第七章　總會

第廿三條：全國會員（代表）大會每年舉行一次，必要時得舉行臨時大會，由會長召集之。如有四分之一以上會員代表連署，請求召開時，會長應即召集。

若因故延期，不得超過一年。

第廿四條：會員（代表）大會之職權及會員代表名額、任期、選任及解任，規定如下：

一、會員代表大會名額暨選、解任辦法如下：

1. 會員代表由分會就現有會員中推選產生，其名額由本會視分會會員人數訂定之。

2.會員代表任期三年，任期屆滿後自然解任，必然時得延長至召開下一屆會員代表大會為止。

二、會員代表大會職權如下：

1.修改會章。

2.決定本會階段性政治任務。

3.審議執行委員會工作報告及預決算。

4.選舉、罷免會長。

5.選舉執行委員會委員及監察委員會委員。

第廿五條：執行委員會由本會會員（代表）大會選舉廿七人至卅五人組成，並得選舉九至十二人為候補委員，任期三年，連選得連任。

執行委員互選九至十一人為常務執行委員，組成常務執行委員會。

常務委員原則上每月開會一次。

執行委員會至少每六個月開會一次，在閉會期間，其職權由常務委員會行使。

第廿六條：執行委員會職權如下：

一、執行全國會員代表大會之決議。

二、議決本會大政方針。

三、指揮本會各級組織。

四、議決本會重要人事。

五、培養管理本會幹部。

六、執行對外宣傳。

七、其他本章程規定之有關事項。

第廿七條：監察委員會由本會會員（代表）大會選舉監察委員九至十一人組成，並得選舉三至四人候補監察委員，任期三年，連選得連任。

監察委員互選三人為常務監察委員，並得互選一人為召集人。

監察委員會至少每六個月開會一次。在閉會期間，其職權由常務監察委員行使。常務監察委員會之主席，由召集人擔任之。

第廿八條：監察委員職權如下：

一、監督執行委員會執行會務。

二、解釋本會會章。

三、稽核本會預算及決算。

四、糾正、懲戒有關違紀事項及人員。

五、會長咨商事項。

六、其他會章規定之有關事項。

第廿九條：本會設秘書長一人，承會長之命，負責日常會務。設副秘書長一至三人，協助秘書長。

秘書長、副秘書長，均由會長提名，經常務執行委員會通過任命之。會長易人時，秘書長、副秘書長應即總辭，由新任會長另行任命之。

第三十條：執行委員會之下，得設秘書處、組織、文宣、社運、財務、行政、大陸、海外等工作組，其組織規程由執行委員訂定之。

第卅一條：本會得聘請顧問若干人，由會長提名，經執行委員會通過後聘請之。聘期三年，並得續聘之。

第八章　分會

第卅二條：本會之分會，每年舉行會員（代表）大會一次。各級執行委員會認為有必要或過半數之次一級組織請求時，得召開臨時大會。

第卅三條：分會組織之會員（代表）大會職權如下：

一、檢討各該會執行委員會之工作。

二、決定各該會會務之決策方針。

三、選舉各該會執行委員及監察委員。

四、上級組織交議之事項。

第卅四條：分會執行委員會及監察委員會名額，由本會執行委員會議訂之。

第卅五條：分會執行委員及監察委員之任期均為三年，連選得連任。如因會員代表大會或會員大會延期召開，未依規定改選新任執、監委員時，其任期延至完成改選新任時為止。

第卅六條：分會均設主任委員一人，由會長提名，經執行委員通過後聘任之。並得視實際需要設副主任委員一至三人，均由主任委員提請委員會通過並層報本會核備後任免之。

分會該總幹事一人，承主任委員之命處理有關各該會會務。

第九章　小組

第卅七條：分會之下得以會員分佈狀況，分設小組，擔任會務宣傳、連絡群眾、反映社情、吸收會員收繳會費等事項。

第卅八條：小組由會員三至十九人組成，並互選一人為小組長，任期一年，連選得連任。

第卅九條：小組每三～六個月舉行小組會議一次，以便連絡感情及會務檢討。小組會議由小組長召集，必要時得召集臨時小組會議。

第四十條：小組對於特殊緊急重大問題之反映，可越級直接反映至總會，並須作適當之處理，或建請有關機關研處。

第十章　紀律與獎懲

第四十一條：本會會員須遵守下列規定：

一、不得違背會章。

二、不得洩露本會一切機密。
三、不得有損害本會會譽之行為。
四、不得在會內利用職權假公濟私。
五、不得在會內製造事端破壞團結。

第四十二條：違反前條規定之會員，視其情節輕重，予以下列之懲戒：
一、警告。
二、留會察看六個月至一年。
三、停止會員權利一年至二年。
四、開除會籍。

第四十三條：各級委員會違反紀律者，解散該委員會。某一組織之多數會員違反紀律者，除解散其組織外，重新登記審核會員會籍，另行重組該組織。

第四十四條：對於表現卓越，成績優良之會員或組織，應層報本會予以獎勵。

第四十五條：有關獎懲案件，由各及監察委員會依規定秉公處理；開除會籍之處分，應經本會執行委員會核准。

第四十六條：不服懲戒者，得向上一級組織之監察委員會申複，但以一次為限。

第四十七條：獎懲與懲戒辦法，由本會監察委員會訂定之。

第十一章　經費

第四十八條：本會經費來源如下：

一、新會員入會費。

二、會員常年會費。

三、社會各界捐助。

四、其他收入。

會員入會費及常年會費由本會執行委員會、監察委員會視實際情形訂定之。

第四十九條：總會、分會執行委員會之下，應設財務委員會，負責經費之籌措與管理有關事宜。

第十二章　附則

第五十條：本會章未規定之事項，悉依中華民國有關法令規章辦理。

第五十一條：本會章經全國會員代表大會通過並報請主管機關核備後施行，修正時亦同。

五、〈全統會〉的創立與奮鬥

勞政武

〈中國全民民主統一會〉（簡稱全統會）成立於民國七十九（1990）年元月廿一日。是日上午在臺北市〈國軍英雄館〉中正廳召開成立大會，來自全省及海外的各界愛國人士濟濟一堂，不但坐滿了540個座位，而且站滿場內四周的走道。在主席團（由老中青三代代表：滕傑、何志浩、劉師德、解宏賓、陳志奇、勞政武及楊懷安共七人組成）的分別主持下，順利完成了法定程序；最重要的是通過了《會章》、《宣言》（我們的認識與信心）及推選滕傑先生為首任會長。

本會一成立，立即受到黨政界的高度注意。當日各晚報及翌日各大報都以大篇幅報道，甚至以頭條新聞方式登出。一個民間團體，何以受到這般的重視？若瞭解此團體成立的前因，乃至即將發揮的作用，其受重視是必然的。

所謂「前因」，必須追溯到六年前李登輝當上副總統後的政治野心逐漸顯露。所謂「作用」，就是廿日後國民黨召開〈臨中全會〉以至三個月後國民大會選舉李登輝、李元簇為第八任正副總統的政局激烈動盪。本文就是依這二大脈絡，作真實、全面而扼要的說明，以作歷史的交代。

成立的前因

先是，民國七十三年（1984）二月二十日，國民大會召開第七屆會議。此次為期三十五天的會議，為的就是選蔣經國先生續任中華民國第七任總統，而以李登輝取代謝東閔為副總統。在開會的前一周，即二月十四、十五兩天，先召開〈國民黨中央第十二屆第二次全體會議〉，完成了蔣、李的黨內提名程序。

李登輝獲得黨的提名沒幾天，便透過黨部的接洽，專程到滕傑家拜訪，目的是要滕支持他。因為滕先生在國民大會當過書記長，而約有二分之一的老國代又是復興社出身的，滕可以影響他們投票。李登輝來拜訪，當然是蔣經國主席授意的，滕自當表示願意幫忙；滕明白地分析了國大內部的人事結構，支持他當選副總統並無問題。結果李得到了 873 票當選副總統，經國先生則以 1012 票當選總統。李的政治資歷極淺，有這成績不容易了。

李登輝當上副總統後，一直同滕維持往還，在許多方面滕也誠心盡力幫忙他了。民國七十七（1988）年元月十三日，經國先生逝世。總統位子依法由副總統接任，並無問題。然而〈中國國民黨主席〉一職該如何定奪？滕的想法同很多黨內老同志一樣，應該慎重處理。因為國民黨有其革命歷史傳統，而李登輝的資歷尚淺，不宜立即將黨政大權集於他的一身，故應暫採「集體領導」方式，待相當時機再選出黨主席。此事最低限度，也應辦完蔣故主席的喪事才處理。

但事情的演變常有出人意表者。經國先生逝世後不過三天，黨內一群人透過新聞炒作，鬧出一個關係重大的「代主席」事件。到了二十七日，恰是經國主席逝世後二星期，國民黨中常會就在副秘書長宋楚瑜的強烈運作下，通過了〈李登輝任代理主席〉案。從這一事件的不單純，滕傑意識到國民黨前途的危險性；他想，這是孫總理到蔣總裁畢生奮鬥的事業，多少仁人志士為此而犧牲了，他自己個人也投入了一生，豈能袖手旁觀？於是有「推舉蔣緯國為副主席」以作補救之設想。

同年七月七日，國民黨召開〈第十三屆全國代表大會〉，主要任務是：一、選出主席，二、向世人宣示傳承既有的「以三民主義統一中國」路線。至於改選中央委員、則是次要的應有之議。

開會之前，約在六月中旬，李登輝約滕傑先生到總統府見面。滕向李提出二點意見：一是要維持國民黨的「革命民主」屬性。二是為了維持黨的團結，應增設副主席，並以蔣緯國出任此職為最適當。對於第二點意見，滕特別說明，緯國這個人胸無城府，絕對不會有爭權的危險，但由他當副主席卻有良好的象徵性意義，能維持黨內的團結。對於第一點意見，李登輝立刻滿口答應。對於蔣緯國為副主席一事，他以較疲軟的語氣說：「如果大家同意的話，我沒有意見。」

滕聽他明白說出「沒有意見」之言，便放心去作正式的提案，並交給國大黨部幾位同志分頭去連署。幾天內竟連署了二百五十多人，便送到中央黨部去了。但直到〈十三全代會〉的「討論提案」程序，居然不見列有這個案子！滕追問黨部的人，都推說不知。滕心裏正納悶，當時任總統府副秘書長的張祖詒卻來對滕說了，那個「增設副主席案」，李先生不但不同意，而且對於另有人提的折衷案「請蔣緯國任中常委」，他也不同意。滕這才恍然大悟，李登輝說什麼「我沒有意見」原來是假的！滕這時心裏雖難過，但為了全黨團結，所以主動告訴黨部，要把原來的「提案」

改為同白萬祥聯名的「建議案」，讓李主席有個下臺階。當然這「建議案」最後也沒了下文。

尤有進者。此次大會中，有許多黨代表提議聘請蔣夫人宋美齡女士出任榮譽主席，同樣被「運作」而沒有了下文。全會之後，接著開〈中全會〉選舉中央常務委員，事後滕細閱三十一位中常委的名單，屬臺灣省籍佔十六位，恰好過半數。這種情況是空前的，當然又是李主席的意思。中國國民黨不但是全中國的政黨，而且是代表全世界華僑的全球性政黨，絕不是一個地域性政黨，這是從孫總理在海外革命開始形成的特性。現在國民黨實際在臺灣地區奮鬥，故而地方色彩重一些也是自然的。但若刻意以地域主義的用心去改換國民黨原有的宏規，箇中透露的訊息就非比尋常了。從此，滕傑對李登輝才真正起了戒心，種下二年後成立〈全統會〉推舉林洋港、蔣緯國與之對抗競選的因由。

從〈支援會〉到〈全統會〉

民國七十八（1989）年十月，為了因應年底即將舉行的三項選舉（立法委員、縣市長及省市議員），滕先生發起了一個名為〈中華民國各界支援賢能人士競選委員會〉（簡稱支援會）的組織。這個臨時性組織，以江蘇籍中央民意代表為主要發起人。在200餘位成員中，有120位具有國大代表身分。因為距離總統選舉不到五個月，十月十五日在台北市中山堂召開成立大會時，就引起了新聞界高度的興趣，各報記者紛紛來採訪。翌日許多報紙大作文章，說成立此組織是為未來正副總統選舉鋪路；如是說也非盡錯。

〈支援會〉隨後密集地開了多次動員會，民意代表參選人周書府、苗素芳、蔣乃辛、楊實秋、張平沼、馮定亞、趙振鵬、洪冬桂、魏憶龍、郁慕明等人都受到了大力的推薦，他們後來也順利地當上了立法委員或省、市議員。選舉一完成，此組織任務終結而自然解散。但因著原有的基礎，在《龍旗》雜誌社全體工作人員努力下，接著就成立一個永久性的團體——〈全統會〉。

〈全統會〉一創立，外界猜測紛紛，各報都說是為了正副總統選舉而創立的。這也難怪，創立日距大選只有三個月，傳媒不斷來打探我們推的人選是誰。但滕先生為了尊重李主席，希望有挽回十三全代會缺憾機會，所以只向外界提出個凌空抽象人選標準：「誰能帶我們回大陸，誰就是最適當的人選。」其實此時我們在《龍旗》社內已密集地開會研究，比較當朝人物的種種條件，最後得出的結論就是「林洋港為正、蔣緯國為副」為最恰當的選擇。不過，如果能說服李登輝選蔣為副手，則是較能維持黨內團結避免政局動盪的選擇。這種寄望，一直到報紙傳出所謂「五標準」，才開始破滅；這是李登輝為李元簇量身特製的「標準」，等於公開否定了蔣緯國為副總統的可能性，直接導致〈臨中全會〉的大分裂。

〈臨中全會〉大分裂

民國七十九（1990）年二月十一日，國民黨召開〈臨時中央委員及中央評議委員全體會議〉（臨中全會），會程只有短短的一天，目的在正式提名總統、副總統候選人。會前的二天，就似「山雨欲來風滿樓」；滕傑分別密集地同李煥（時任行政院長）、郝柏村（時任參謀總長）、王昇、言百謙（時任總政戰部主任）、楊亭雲（時任總政戰部執行官）、許歷農（時任退輔會主委）交換了意見；滕先生同這些官員大都有師生之誼，他們完全贊成滕老師的構想。此外，滕又同百餘位國大代表及立法委員餐聚，形成一致的共識。最後，才告知林洋港、蔣緯國這幾天會見各界人士的情況和明天的具體行動計畫。林、蔣迅即回報同意滕的做法。

滕傑的計畫是什麼？很簡單，在會場先爭取提案並通過蔣緯國為副總統人選，即「李、蔣配」。如此議不被採納，則提出「林、蔣配」，要求黨內二組人出來競選，誰當選則由國民大會公決。

這次臨會過程曲折，一直籠罩在緊張而詭異的氣氛中；最後仍是被時已升任中央黨部秘書長的宋楚瑜強勢運作，終使李登輝得到勝利。此次會議，除滕傑領頭奮力主導外，計有周曉天、鄭逢時、郁慕明、吳建國、魏鏞、李煥、林洋港、張豫生等人均先後勇敢地上臺發言，主張不能以「和稀泥」違背民主的方式決定黨內正副總統人選。事後，郝柏村接受記者訪問也指出：「民主本來就是大家表示意見，動不動就指有意見的人是不團結，那叫什麼民主？」此次國民黨內公開分裂會議，正是日後的「主流派」（宋楚瑜為首的擁李派）與「非主流派」（滕傑為首的反李派）兩個新聞名詞之來由。

經過此次會議，「非主流派」雖然失敗，但讓許多人也看出了李登輝的真正用心了。十三日《民眾日報》就以「令人恐怖的李登輝時代」為題發表社論，強烈抨擊李氏的獨裁作風。這是國內報紙以社論批評元首的首例。

〈臨中全會〉開後，戰場轉到國民大會。因為依法規定，只要有一百名國大代表的連署，便取得正副總統候選人的資格。而正式選舉是用秘密投票的，二李想順利當選就很難了。於是，〈臨中全會〉開後次日，即二月十二日清晨，李登輝和李元簇便展開逐戶拜訪國大代表的行動。這種行動當然是針對滕傑一方而來的「瓦解戰術」，並非他們真的對老國代有什麼敬愛之心。据國大代表王禹廷後來的文章透露，原來此時，李登輝已設立一個名為「友諒小組」的秘密單位，專門做瓦解我方的工作。他們不惜到每戶去拜訪，以便瞭解每位國大代表的家庭狀況，要錢的給錢，兒女要官的給官，只要不站在支持林、蔣一方便可。這麼一來，其效果自然奇大。很多代表到底年紀老了，談不上志氣，被他們這麼一弄，改變立場是自然的。

接下來幾日變得越來越緊張，滕傑每天一面要到陽明山中山樓去開會，一面應付窮追不捨的新聞記者，還要處理連署事宜。到了三月一日，就在臺北市杭州南路一段63號6樓成立了〈各界支持林、蔣助選總部〉，這裡也是〈全統會〉的會址及《龍旗》雜誌社的社址，勞政武實際負責總部的全般事務並兼對外發言人。

這時，從立法院到臺北市議會，出現了趙少康、陳炯松等人發出了譴責李氏獨裁的聲音，民間及海外支持我方的言論越來越強烈。李登輝、宋楚瑜他們大概已知情況嚴重，乃於三日下午約請黃少谷、謝東閔、袁守謙、陳立夫、李國鼎、蔣彥士、倪文亞、辜振甫所謂「八老」，在總統府開圓桌會，央求他們出面疏解林洋港的參選。這主要是針對我方明天將舉行的餐會而來的。

三月四日上午十一時，滕傑與26位國大同仁聯名邀請的餐會，在臺北市〈三軍軍官俱樂部〉舉行。國大代表二百八十多人出席，加上其他各界人士、新聞記者，一個只能容納五百人的會場擠滿了上千人。眾所周知，這個名為「餐會」的，實質是〈林、蔣宣佈競選誓師大會〉。蔣緯國與林洋港先後蒞臨，全場起立，致以熱烈的掌聲。尤其林洋港進入會場時，來賓已爆滿，新聞記者一擁而上，弄得寸步難移，急壞了隨從的安全人員。林、蔣二位先生分坐在滕傑主席位子兩旁，數十名記者又一起擁上，擠得主席臺幾乎倒塌。此次餐會開得很成功。

三種無恥的戰法

事情發展到此，李宋他們竟展開三種惡劣無恥的戰法：一是對滕及他身邊的人展開文字攻擊、電話騷擾、黑函威脅種種行動，圖使我方心生恐懼知難而退。另方面則密集邀請「八老」對林洋港進行「整合」。三方面最兇險的，就是暗中策動學生群眾運動。這三方面戰線是依據「拉林、打蔣，醜化老國代」總方針而展開的。

他們最要不得的「打蔣行動」，便是於三月九日策動駐日代表蔣孝武，突然回臺北召開記者會，發表抨擊叔父蔣緯國的公開信，居然說緯國「假民主程序之名，圖奪權之謀」、「連花一秒鐘同他溝通都是浪費時間」，云云。如此不忠不義之事出現在蔣氏親屬中，令人震驚。

與蔣孝武攻擊叔父的同一天，下午二時三十分，林洋港突然在「八老」的簇擁下，向新聞界宣佈「婉辭國代連署提名」。事後多方證實，關鍵在蔡鴻文（時任臺灣省議會議長）昨晚夜訪林洋港，力勸林「不要被這些老國代利用」，否則臺灣百姓會視你為「台奸」，云云。這是非常嚴重的挑撥離間，非有相當經驗及高度智慧就難免上當。後來，滕傑透過人傳話給林洋港，請他試想：「今天是我推你當總統，不是你推我當總統，到底誰『利用』誰？你一旦當上總統就有處理一切的大權；唐太宗尚且『逆取大位，順以保之』，這個深刻的道理宜參悟」！六年之後，林洋港才堅決出面同李登輝競選總統，但一切已太遲了，正是「天與不取，反受其殃」。他出了一本書名為《誠信》，如果只是諷刺李氏這個人不誠不信，固無不可。但若對李登輝真去講誠信，只有顯示了自己的憨直可欺。從林洋港這次輕易被「整合」，到後來的李煥、王昇、郝柏村、李元簇、邱創煥、宋楚瑜、連戰……等大員的遭遇，十餘年之中輪轉般為李氏所欺玩；真是國運如斯，夫復何言！

策動民進黨和大專學生的群眾運動，自十二日開始便積極在暗中進行。最可恥的手段是：先在陽明山國大審查會中利用幾個不明事理的老代表，讓他們提出「自肥條款」。然後在輿論上大肆報導這是「山中傳奇」的「政治勒索」，於是激發一些群眾上山抗議，造成流血衝突事件。隨後，到了十五日，各地民意機構及各大專院校學生會都發表聲明，一致聲討「國大老賊」的「自利行為」。十七日，大量學生及民進黨群眾到臺北市中正紀念堂廣場靜坐示威。翌日，李登輝透過教育部長毛高文發表親筆函，高度讚揚學生此舉為「愛國表現」。學生仍然靜坐下去，一直到二十二日正副總統當選（李登輝668票、李元簇602票），為期六天的學生運動才解散。由此足證，李氏是在用盡可恥手段和策動學生群眾「保送」下才當選的，他的大位得來並不光彩。此論斷就是歷史的公正評價。

先是，林洋港被「八老」脅迫下聲明退選之後，蔣緯國本來要堅持到底。但到了十五日，群眾運動已發展到猛烈的程度，此時已傳出消息：李氏將策動一些民進黨徒包圍士林官邸脅迫蔣夫人宋美齡女士。下午約六時，蔣緯國來電要滕先生緊急上陽明山商議。勞政武陪同到了陽明山華崗丁中江的寓所，蔣及丁已在靜候。蔣對滕分析了凶險的情勢，強調說「個人生死可置於度外，但不能連累老夫人」。滕看事已至此，已沒有堅持下去的必要，於是要勞政武即席起草〈停止徵召聲明〉。經滕及蔣逐字斟酌之後，連夜作業，翌日九時即在臺北市杭州南路〈助選總部〉發布。

臺灣的價值

事情繼續發展下來，當然不如滕傑所望。民國七十九年（1990）三月二十二日方選完正、副總統，立法院在四月三十日就通過一個由陳水扁領頭提案，聲請大法官會議解釋：第一屆中央民意代表（即在大陸選出的國大代表、立法委員及監察委員）已不符「國民主權原則」，在憲法原意上有疑義，云云。此時立法院席次仍由國民黨控制之中，這個提案竟能迅速通過，不用說就是李登輝串通陳水扁的傑作。此案提到司法院，只有二個月即完成了第261號解釋，六月二十一日司法院就公布了。這號解釋規定滕傑這些老民代「應在民國八十年十二月三十一日以前終止職權」，但並無任何道及應設全中國性代表的規定。李登輝的「台獨」夢又向前邁進了一大步。

臺灣在世界地圖上，只是個小島。四十多年來我們在這個島上生聚教訓，把它建設成為中國的模範區，是「四小龍」之首，成為民族復興的希望，這是臺灣真正價值所在。但如果李登輝這類人，以為可以用這個小島閉關自守，稱王稱霸，那就是夜郎自大了，臺灣的前途也凶險了。

臺灣有今天的成果，那是全大陸的菁英分子在此與臺灣人民共同胼手胝足奮鬥幾十年的結果。如果李登輝等少數褊狹人士，以為高唱地域主義，排斥「外省人」，便可以使政權牢固，那就是大錯了。中國歷史上沒有地域主義成功的例子。近代史上有兩個人搞地域主義的下場很悲慘：一個是洪秀全，他只重用兩廣的客家人。一個是汪精衛，他的南京偽政府有「廣東同鄉會」之譏。李登輝正是一種更褊狹心態，縱使奪得大位風光一時，他今後面對的將是中華民族億萬人的共同力量，他的下場是必然可悲的。

寧共毋獨

在這場仗打完之後，〈全統會〉接得北京〈黃埔同學會〉來函邀請滕會長前往訪問。滕先生考慮再三，決定先派人去瞭解情況。七十九（1990）年五月，由〈全統會〉評議會主席、黃埔一期的鄧文儀任團長、勞政武任秘書長的一個九人團，到北京受到最高規格的接待。鄧小平、聶榮臻、徐向前等中共最高層人士都接見了他們，並交換了如何消除分離主義促進中國和平民主統一的許多意見。他們回到臺北，說明了一切，滕會長因之深感今天的中共已有根本性轉變，實質是回歸到孫中山總理的精神了。因此，他多次向「全統會」同志強調：今後國民黨應走「寧共毋獨」的道路，也就是說：我們寧可跟中共合作，也不能容忍「台獨」！

在一次會議上，滕會長感慨地說：「我當年組力行社，為的是抵抗日本的侵略，本質是民族主義的。不料年屆耄耋而支持林、蔣，為的是反對台獨分離主義，本質依然是民族主義的。這種遭遇，無以名之，只好名之曰天命了！個人的天命必有終止的一天，但我看到了同樣的天命已落到海內外每一位有作為的炎黃子孫身上，自己就感到無比的安慰了。」

滕傑先生（1904～2004）在此次行動後不久，因年事已高，將〈全統會〉會長一職交給陶滌亞（1912～1999）；陶先生是黃埔六期畢業，曾任海軍總部政治部中將主任。陶逝世後由王化榛（1926～）接任，王先生曾任臺北市警察局副局長、國大代表。二十多年來，該會在陶、王二位先生領導下，秉持滕先生創會宗旨，為兩岸交流而努力不懈。今（2016）年春，王先生自忖已到九十高齡，乃堅持把會長職務交給吳信義（1944～）。

現任會長吳先生，畢業於〈政戰學校〉政治系十四期，曾任〈臺灣大學〉的主任教官；他有德有才而具容衆雅量，今後〈全統會〉當可穩妥傳承下去且有大發展。古人有言：「靡不有初，鮮克有終」，一種思想或精神，會被人長久堅守下去，必有真理存在。〈全統會〉能長久堅持傳承下來，證明它揭櫫的宗旨正是真理，也證明了歷代會長及志士同仁有真本事。但這種真理存在只是基本的主體條件，欲有大發展卻是要有客觀環境的；正如《莊子》所說：「大鵬搏扶搖而上者九萬里」，若扶搖的風力不夠博厚，則負大翼也無力，大鵬當然上不了九萬里。落實以言，〈全統會〉近廿年無大發展，洵是客觀環境所致。自吳先生接任會長，客觀環境卻突變了，蔡英文登上中華民國第十四任總統之位，竟然不承認「九二共識」、否定「兩岸同為一個中國」，走上「柔性台獨」凶險路，這也是〈全統會〉的新時代來臨，英雄有用武之地了。

本會創會秘書長　勞政武博士　撰　2016/9/18

註：關於〈全統會〉的創立詳情，可參《龍旗》108期，民國79年2月號。

關於〈全統會〉創立初期奮鬥的詳情，可參《從抗日到反獨——滕傑口述歷史》第15章，勞政武編著，淨名文化中心出版，民104年9月再版。

陳福成著作全編總目

壹、兩岸關係

決戰閏八月
防衛大台灣
解開兩岸十大弔詭
大陸政策與兩岸關係

貳、國家安全

國家安全與情治機關的弔詭
國家安全與戰略關係
國家安全論壇。

參、中國學四部曲

中國歷代戰爭新詮
中國近代黨派發展研究新詮
中國政治思想新詮
中國四大兵法家新詮：孫子、吳起、孫臏、孔明

肆、歷史、人類、文化、宗教、會黨

神劍與屠刀
中國神譜
天帝教的中華文化意涵
奴婢妾匪到革命家之路：復興廣播電台謝雪紅訪講錄
洪門、青幫與哥老會研究

伍、詩〈現代詩、傳統詩〉、文學

幻夢花開一江山
赤縣行腳・神州心旅
「外公」與「外婆」的詩
尋找一座山
春秋記實
性情世界
春秋詩選
八方風雲性情世界
古晟的誕生
把腳印典藏在雲端
從魯迅文學醫人魂救國魂說起
六十後詩雜記詩集

陸、現代詩（詩人、詩社）研究

三月詩會研究
我們的春秋大業：三月詩會二十年別集
中國當代平民詩人王學忠
讀詩稗記
嚴謹與浪漫之間
一信詩學研究：解剖一隻九頭詩鵠
囚徒
胡爾泰現代詩臆說
王學忠籲天詩錄

柒、春秋典型人物研究、遊記

山西芮城劉焦智「鳳梅人」報研究
在「鳳梅人」小橋上
我所知道的孫大公

為中華民族的生存發展進百書疏
金秋六人行
漸凍勇士陳宏

捌、小說、翻譯小說

迷情・奇謀・輪迴、
愛倫坡恐怖推理小說

玖、散文、論文、雜記、詩遊記、人生小品

一個軍校生的台大閒情
古道・秋風・瘦筆
頓悟學習
春秋正義
公主與王子的夢幻、
洄游的鮭魚
男人和女人的情話真話
台灣邊陲之美
最自在的彩霞
梁又平事件後

拾、回憶錄體

五十不惑
我的革命檔案
台大教官興衰錄
迷航記、
最後一代書寫的身影
我這輩子幹了什麼好事
那些年我們是這樣寫情書的
那些年我們是這樣談戀愛的
台灣大學退休人員聯誼會第九屆理事長記實

拾壹、兵學、戰爭

孫子實戰經驗研究
第四波戰爭開山鼻祖賓拉登

拾貳、政治研究

政治學方法論概說
西洋政治思想史概述
中國全民民主統一會北京行
尋找理想國：中國式民主政治研究要綱

拾參、中國命運、喚醒國魂

大浩劫後：日本311天譴說
日本問題的終極處理
台大逸仙學會

拾肆、地方誌、地區研究

台北公館台大地區考古・導覽
台中開發史
台北的前世今生
台北公館地區開發史

拾伍、其他

英文單字研究
與君賞玩天地寬（文友評論）
非常傳銷學
新領導與管理實務

2015 年 9 月後新著

編號	書　　　　　名	出版社	出版時間	定價	字數(萬)	內容性質
81	一隻菜鳥的學佛初認識	文史哲	2015.09	460	12	學佛心得
82	海青青的天空	文史哲	2015.09	250	6	現代詩評
83	為播詩種與莊雲惠詩作初探	文史哲	2015.11	280	5	童詩、現代詩評
84	世界洪門歷史文化協會論壇	文史哲	2016.01	280	6	洪門活動紀錄
85	三搞統一：解剖共產黨、國民黨、民進黨怎樣搞統一	文史哲	2016.03	420	13	政治、統一
86	緣來艱辛非尋常－賞讀范揚松仿古體詩稿	文史哲	2016.04	400	9	詩、文學
87	大兵法家范蠡研究－商聖財神陶朱公傳奇	文史哲	2016.06	280	8	范蠡研究
88	典藏斷滅的文明：最後一代書寫身影的告別紀念	文史哲	2016.08	450	8	各種手稿
89	葉莎現代詩研究欣賞：靈山一朵花的美感	文史哲	2016.08	220	6	現代詩評
90	臺灣大學退休人員聯誼會第十屆理事長實記暨 2015～2016 重要事件簿	文史哲	2016.04	400	8	日記
91	我與當代中國大學圖書館的因緣	文史哲	2017.04	300	5	紀念狀
92	廣西參訪遊記（編著）	文史哲	2016.10	300	6	詩、遊記
93	中國鄉土詩人金土作品研究	文史哲	2017.12	420	11	文學研究
94	暇豫翻翻《揚子江》詩刊：蟾蜍山麓讀書瑣記	文史哲	2018.02	320	7	文學研究
95	我讀上海《海上詩刊》：中國歷史園林豫園詩話瑣記	文史哲	2018.03	320	6	文學研究
96	天帝教第二人間使命：上帝加持中國統一之努力	文史哲	2018.03	460	13	宗教
97	范蠡致富研究與學習：商聖財神之實務與操作	文史哲	2018.06	280	8	文學研究
98	光陰簡史：我的影像回憶錄現代詩集	文史哲	2018.07	360	6	詩、文學
99	光陰考古學：失落圖像考古現代詩集	文史哲	2018.08	460	7	詩、文學
100	鄭雅文現代詩之佛法衍繹	文史哲	2018.08	240	6	文學研究
101	林錫嘉現代詩賞析	文史哲	2018.08	420	10	文學研究
102	現代田園詩人許其正作品研析	文史哲	2018.08	520	12	文學研究
103	莫渝現代詩賞析	文史哲	2018.08	320	7	文學研究
104	陳寧貴現代詩研究	文史哲	2018.08	380	9	文學研究
105	曾美霞現代詩研析	文史哲	2018.08	360	7	文學研究
106	劉正偉現代詩賞析	文史哲	2018.08	400	9	文學研究
107	陳福成著作述評：他的寫作人生	文史哲	2018.08	420	9	文學研究
108	舉起文化使命的火把：彭正雄出版及交流一甲子	文史哲	2018.08	480	9	文學研究

109	我讀北京《黃埔》雜誌的筆記	文史哲	2018.10	400	9	文學研究
110	北京天津廊坊參訪紀實	文史哲	2019.12	420	8	遊記
111	觀自在綠蒂詩話：無住生詩的漂泊詩人	文史哲	2019.12	420	14	文學研究
112	中國詩歌墾拓者海青青：《牡丹園》和《中原歌壇》	文史哲	2020.06	580	6	詩、文學
113	走過這一世的證據：影像回顧現代詩集	文史哲	2020.06	580	6	詩、文學
114	這一是我們同路的證據：影像回顧現代詩題集	文史哲	2020.06	540	6	詩、文學
115	感動世界：感動三界故事詩集	文史哲	2020.06	360	4	詩、文學
116	印加最後的獨白：蟾蜍山萬盛草齋詩稿	文史哲	2020.06	400	5	詩、文學
117	台大遺境：失落圖像現代詩題集	文史哲	2020.09	580	6	詩、文學
118	中國鄉土詩人金土作品研究反響選集	文史哲	2020.10	360	4	詩、文學
119	夢幻泡影：金剛人生現代詩經	文史哲	2020.11	580	6	詩、文學
120	范蠡完勝三十六計：智謀之理論與全方位實務操作	文史哲	2020.11	880	39	戰略研究
121	我與當代中國大學圖書館的因緣（三）	文史哲	2021.01	580	6	詩、文學
122	這一世我們乘佛法行過神州大地：生身中國人的難得與光榮史詩	文史哲	2021.03	580	6	詩、文學
123	地瓜最後的獨白：陳福成長詩集	文史哲	2021.05	240	3	詩、文學
124	甘薯史記：陳福成超時空傳奇長詩劇	文史哲	2021.07	320	3	詩、文學
125	芋頭史記：陳福成科幻歷史傳奇長詩劇	文史哲	2021.08	350	3	詩、文學
126	這一世只做好一件事：為中華民族留下一筆文化公共財	文史哲	2021.09	380	6	人生記事
127	龍族魂：陳福成籲天錄詩集	文史哲	2021.09	380	6	詩、文學
128	歷史與真相	文史哲	2021.09	320	6	歷史反省
129	蔣毛最後的邂逅：陳福成中方夜譚春秋	文史哲	2021.10	300	6	科幻小說
130	大航海家鄭和：人類史上最早的慈航圖證	文史哲	2021.10	300	5	歷史
131	欣賞亞媺現代詩：懷念丁潁中國心	文史哲	2021.11	440	5	詩、文學
132	向明等八家詩讀後：被《食餘飲後集》電到	文史哲	2021.11	420	7	詩、文學
133	陳福成二〇二一年短詩集：躲進蓮藕孔洞內乘涼	文史哲	2021.12	380	3	詩、文學
134	中國新詩百年名家作品欣賞	文史哲	2022.01	460	8	新詩欣賞
135	流浪在神州邊陲的詩魂：台灣新詩人詩刊詩社	文史哲	2022.02	420	6	新詩欣賞
136	漂泊在神州邊陲的詩魂：台灣新詩人詩刊詩社	文史哲	2022.04	460	8	新詩欣賞
137	陸官 44 期福心會：暨一些黃埔情緣記事	文史哲	2022.05	320	4	人生記事
138	我躲進蓮藕孔洞內乘涼--2021 到 2022 的心情詩集	文史哲	2022.05	340	2	詩、文學
139	陳福成 70 自編年表：所見所做所寫事件簿	文史哲	2022.05	400	8	傳記
140	我的祖國行腳詩鈔：陳福成 70 歲紀念詩集	文史哲	2022.05	380	3	新詩欣賞

141	日本將不復存在：天譴一個民族	文史哲	2022.06	240	4	歷史研究
142	一個中國平民詩人的天命：王學忠詩的社會關懷	文史哲	2022.07	280	4	新詩欣賞
143	武經七書新註：中國文明文化富國強兵精要	文史哲	2022.08	540	16	兵書新注
144	明朗健康中國：台客現代詩賞析	文史哲	2022.09	440	8	新詩欣賞
145	進出一本改變你腦袋的詩集：許其正《一定》釋放核能量	文史哲	2022.09	300	4	新詩欣賞
146	進出吳明興的詩：找尋一個居士的圓融嘉境	文史哲	2022.10	280	5	新詩欣賞
147	進出方飛白的詩與畫：阿拉伯風韻與愛情	文史哲	2022.10	440	7	新詩欣賞
148	孫臏兵法註：山東臨沂銀雀山漢墓竹簡	文史哲	2022.12	280	4	兵書新注
149	鬼谷子新註	文史哲	2022.12	300	6	兵書新注
150	諸葛亮兵法新註	文史哲	2023.02	400	7	兵書新注
151	中國藏頭詩(一)：范揚松講學行旅詩欣賞	文史哲	2023.03	280	5	新詩欣賞
152	中國藏頭詩(二)：范揚松春秋大義詩欣賞	文史哲	2023.03	280	5	新詩欣賞
153	華文現代詩三百家	文史哲	2023.06	480	7	新詩欣賞
154	晶英客棧：陳福成詩科幻實驗小說	文史哲	2023.07	240	2	新詩欣賞
155	廣州黃埔到鳳山黃埔：44 期畢業 50 週年暨黃埔建校建軍百年紀念	文史哲	2023.08	340	5	歷史研究
156	神州邊陲荒蕪之島：陳福成科幻生活相片詩集	文史哲	2023.10	500	3	新詩欣賞
157	吳信義回憶錄：今世好因緣	文史哲	2023.11	340	6	傳記

陳福成國防通識課程著編及其他作品

（各級學校教科書及其他）

編號	書　　名	出版社	教育部審定
1	國家安全概論（大學院校用）	幼　獅	民國 86 年
2	國家安全概述（高中職、專科用）	幼　獅	民國 86 年
3	國家安全概論（台灣大學專用書）	台　大	（臺大不送審）
4	軍事研究（大專院校用）（註一）	全　華	民國 95 年
5	國防通識（第一冊、高中學生用）（註二）	龍　騰	民國 94 年課程要綱
6	國防通識（第二冊、高中學生用）	龍　騰	同
7	國防通識（第三冊、高中學生用）	龍　騰	同
8	國防通識（第四冊、高中學生用）	龍　騰	同
9	國防通識（第一冊、教師專用）	龍　騰	同
10	國防通識（第二冊、教師專用）	龍　騰	同
11	國防通識（第三冊、教師專用）	龍　騰	同
12	國防通識（第四冊、教師專用）	龍　騰	同

註一　羅慶生、許競任、廖德智、秦昱華、陳福成合著，《軍事戰史》（臺北：全華圖書股份有限公司，二〇〇八年）。

註二　《國防通識》，學生課本四冊，教師專用四冊。由陳福成、李文師、李景素、頊臺民、陳國慶合著，陳福成也負責擔任主編。八冊全由龍騰文化事業股份有限公司出版。